Grundschule

Gabriela Rosenwald

Lernwerkstatt Unsere Erde

- Planet Erde
- Kontinente
- Kultur und Sprache
- Klima- & Zeitzonen
- 80 Kopiervorlagen

Lernen mit Erfolg
KOHL VERLAG
Der Verlag mit dem Baum
www.kohlverlag.de

Bildnachweis:

Seite 9: Published by the Prang Educational Co., 1893. 40802Y U.S. Copyright Office/wikimedia.org; Seite 10: wikimedia.org, Thopix/pixelio.de; Seite 11/63: Klaus Steves/pixelio.de; Seite 26: Marvis Siefke/pixeliio.de, Dieter Schütz/pixelio.de (2), rohavideo/pixelio.de, tokamuwi/pixelio.de; Seite 38/39: wikimedia.org; Seite 40: shefshef/wikimedia.org; Seite 41: wikimedia.org; Seite 44/47/48: wikimedia.org; Seite 49: new-york-infogiude.de; Seite 51: wikimedia.org; Seite 53/63: Klaus with K/wikimedia.org, wikimedia.org; Seite 54: Cburnett – GFDL/wikimedia.org, Stefan Laube/wikimedia.org; Seite 55/68: Uschi Dreiucker/pixelio.de; Seite 56/57: wikimedia.org, Christine Schmidt/pixelio.de, folgenmatt/pixelio.de; Seite 58 – 61: wikimedia.org; Seite 67: wikimedia.org; Seite 68: Babsnrw/pixelio.de, Guiseppe Zibordi/wikimedia.org, Claus Bünnagel/pixelio.de (2), Francoise Lange-Stein/pixelio.de, Kurt Bouda/pixelio.de, Stefan Laube/wikimedia.org, Kurt/pixelio, wikimedia.org

Lernwerkstatt „Unsere Erde“
– Grundschulausgabe –

2. Auflage 2013

Inhalt: Gabriela Rosenwald
Titelbild: © Anton Balazh - Fotolia.com
Redaktion / Grafik & Satz: Kohl-Verlag / Eva-Maria Noack
Druck: Medienzentrum Süd, Köln

Bestell-Nr. 11 300

ISBN: 978-3-86632-576-0

Inhalt

Lernwerkstatt „Unsere Erde“
Grundschulausgabe – Bestell-Nr. 11 300
KOHL VERLAG Der Verlag mit dem Baum
www.kohlverlag.de

Vorwort

Liebe Kolleginnen und Kollegen,

die Welt rückt immer näher zusammen. War es noch vor 100 Jahren etwas ganz besonderes, nach Amerika zu fahren, so fliegen manche unserer Schüler* heute für ein paar Monate zum Schüleraustausch dorthin. Work and Travel in Australien, nicht zu vergessen die Reisen, auf denen auch schon jüngere Schüler die Welt kennen lernen.

Diese Kopiervorlagen bieten Ihnen die Möglichkeit, das Weltbild Ihrer Schüler Schritt für Schritt zu erweitern. Aus den Medien, von den Urlaubsfahrten und von fremdländischen Mitschülern ist sicher schon einiges bekannt.

Die Schüler sollen erfahren, dass Menschen aller Rassen und Kulturen gleichberechtigt nebeneinander und miteinander leben und dabei voneinander lernen können.

Unser Sonnensystem, die Entstehung der Erde, die sieben Kontinente, die größten Berge, Flüsse, Seen, Inseln, die Klimazonen, die Tierwelt, die Weltreligionen, die Wirtschaftssysteme – zu allen diesen Themen gibt es interessante Infotexte und Aufgaben. Dabei sollen die Schüler auch selber nachdenken, forschen und im Internet recherchieren.

Aufgrund der klaren und einfachen Aufbereitung von komplizierten Zusammenhängen ist dieser Band für Grundschüler im Sachunterricht bestens geeignet.

Viel Lernerfolg und Freude beim Einsatz dieser Lernwerkstatt wünschen Ihnen der Kohl-Verlag und

Gabriela Rosenwald

**Mit Schülern bzw. Lehrern sind im ganzen Heft selbstverständlich auch die Schülerinnen und Lehrerinnen gemeint!*

Bedeutung der Symbole:

EA **Einzelarbeit**

PA **Partnerarbeit**

Schreibe ins Heft/ in deinen Ordner

Arbeiten in kleinen Gruppen

Arbeiten mit der ganzen Gruppe

Arbeitspass

Name: ______________________________

Klasse: ____________

Aufgabe/Seite	Titel/Thema	begonnen	erledigt

KOHL VERLAG Der Verlag mit dem Baum
www.kohlverlag.de
Lernwerkstatt „Unsere Erde“
Grundschulausgabe – Bestell-Nr. 11 300

I. Unser Sonnensystem

Die meisten Sterne am Himmel sind selbstleuchtende Fixsterne wie unsere Sonne. Nur Planeten (Wandelsterne) und Monde bewegen sich. Unser Sonnensystem besteht aus der Sonne und neun Planeten mit 44 Monden. Planeten umkreisen die Sonne. Sie leuchten nicht selbst, sondern werden von der Sonne angestrahlt. Monde umkreisen die Planeten. Auch sie leuchten nicht selbst. Die Erde hat nur einen Mond.

Unser Sonnensystem ist Teil der „Milchstraße". Die Milchstraße ist eine Ansammlung von ca. 100 Milliarden selbstleuchtender Fixsterne (= Sonnen). Fast alle Sterne, Planeten und Monde, die wir am Himmel sehen, gehören zu unserer Milchstraße. Sterne sind Lichtjahre von uns entfernt. Du siehst das Licht eines Sternes, das er bereits vor vielen Lichtjahren ausgeschickt hat. Licht legt in einer Sekunde ca. 300.000 km zurück. Das Licht braucht von der Sonne zur Erde ca. acht Minuten.
Der Mond ist das größte und hellste Objekt, das wir am Nachthimmel sehen. Er wird von der Sonne angestrahlt. Als nächster Nachbar der Erde ist er „nur" 348.000 km entfernt. Er hat ein Viertel der Erdgröße.
Der Durchmesser der Sonne beträgt 1.392.530 km (das sind 109 Erdkugeln nebeneinander). Insgesamt passen mehr als 1 Million Erdkugeln in sie hinein. Auf der Sonne und in ihrem Inneren herrscht eine unvorstellbare Hitze.
Die Sonne steht im Mittelpunkt unseres Sonnensystems. Sie liefert uns Wärme und Licht zum Leben. Um unsere Sonne kreisen neun Planeten.

EA

Aufgabe 1: **a)** *Forsche nach und ergänze die Sätze.*

Die Erde dreht sich in ________ *Stunden ein Mal um sich selbst.*

Der Mond dreht sich in ______________ *Monat um die Erde.*

Die Erde kreist in __________ *Jahr um die Sonne.*

b) *Wie viele Erdkugeln könnte man in der Sonne unterbringen?*

____

c) *Wie lange braucht das Licht von der Sonne bis zur Erde?*

____

d) *Wie weit ist der Mond von der Erde entfernt?*

____

Lernwerkstatt „Unsere Erde"
Grundschulausgabe – Bestell-Nr. 11 300
KOHL VERLAG Der Verlag mit dem Baum
www.kohlverlag.de

I. Unser Sonnensystem

➲ Unsere Planeten

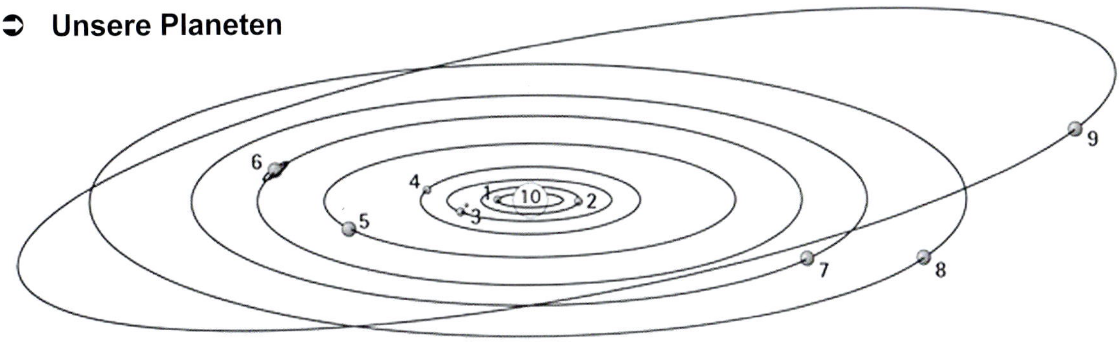

So merkst du dir die Planeten:

Merkur, **V**enus, **E**rde, **M**ars, **J**upiter, **S**aturn, **U**ranus, **N**eptun **P**luto

Mein **V**ater **e**rklärt **m**ir **j**eden **S**onntag **u**nsere **n**eun **P**laneten.

EA

Aufgabe 2: **a)** *Male die Planeten und die Sonne mit den richtigen Farben oben in dem Bild an.*

1 Merkur (hellblau) ...	*ist einer der kleinsten Planeten in unserem Sonnensystem.*
2 Venus (hellgrün) ...	*ist der hellste Planet und beinahe so groß wie die Erde.*
3 Erde (blau) ...	*ist zum größten Teil mit Wasser bedeckt, deshalb wird sie auch der blaue Planet genannt.*
4 Mars (rot) ...	*ist der rote Planet, er besteht aus sehr viel Eisen.*
5 Jupiter (orange) ...	*ist der größte Planet in unserem Sonnensystem.*
6 Saturn (braun) ...	*hat Ringe, die aus Staub und Eisbrocken bestehen.*
7 Uranus (türkis) ...	*sieht blau-grün aus.*
8 Neptun (lila) ...	*ist der kälteste Planet in unserem Sonnensystem.*
9 Pluto (grün) ...	*wird nur noch als Zwergplanet bezeichnet.*
10 Sonne (gelb) ...	*ist kein Planet, sondern ein Fixstern.*

EA

Aufgabe 3: *Kreuze richtig an.*

1. *Wie viele Planeten hat unser Sonnensystem?*

11	a	7	b	9	c

2. *Wie heißt der kleinste Planet?*

Pluto	a	Venus	b	Mars	c

3. *Wie lange braucht das Licht von der Sonne bis zur Erde?*

8 Minuten	a	4 Minuten	b	8 Sekunden	c

4. *Wie heißt der größte Planet in unserem Sonnensystem?*

Erde	a	Jupiter	b	Neptun	c

5. *Was ist ein Fixstern?*

ein Planet	a	eine Sonne	b	ein Mond	c

Lernwerkstatt „Unsere Erde"
Grundschulausgabe – Bestell-Nr. 11 300
KOHL VERLAG Der Verlag mit dem Baum
www.kohlverlag.de

II. Die Entstehung der Kontinente

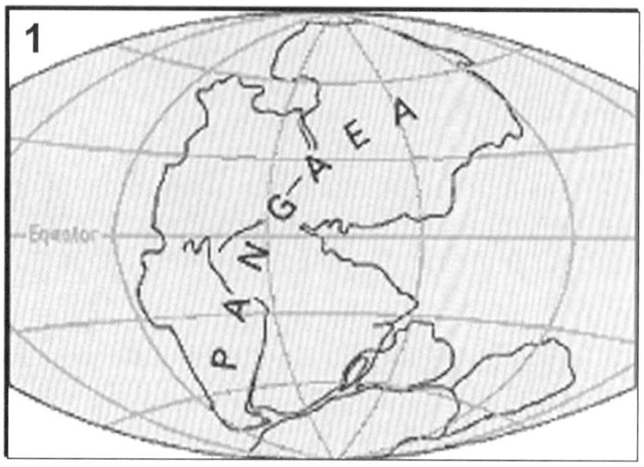

Perm – vor etwa 225 Millionen Jahren bildeten alle Kontinente eine Landmasse, die Pangäa hieß.

Trias – vor 200 Millionen Jahren teilte sich die Landmasse. Man nennt die Teile Laurasia und Gondwana.

Jura – vor etwa 135 Millionen Jahren teilten sich Laurasia und Gondwana weiter.

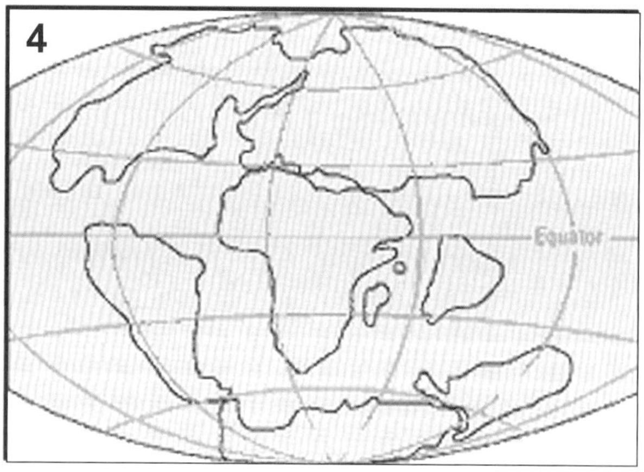

Kreide – vor 65 Millionen Jahren sind die heutigen Kontinente schon zu erkennen.

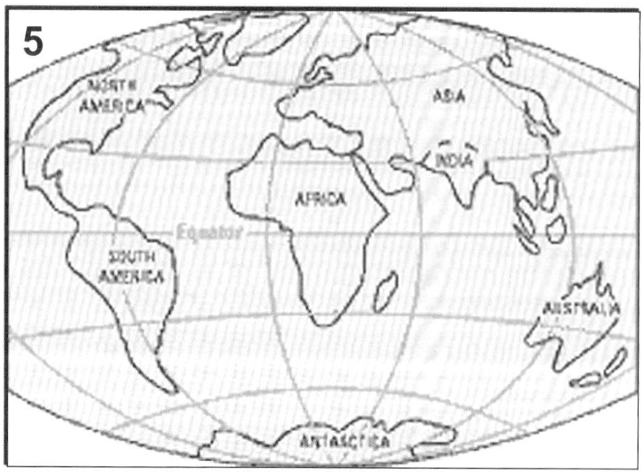

Heute – sieht unsere Erde so aus.

EA

Aufgabe 1:

Perm, Trias, Jura und Kreide sind längst vergangene Erdzeitalter. Notiere, von wann bis wann sie waren.

Perm: ______________________

Trias: ______________________

Jura: ______________________

Kreide: ______________________

Lernwerkstatt „Unsere Erde“
Grundschulausgabe – Bestell-Nr. 11 300
KOHL VERLAG Der Verlag mit dem Baum
www.kohlverlag.de

III. Entdecker und Forscher

Dass wir heute über unsere Erde so gut Bescheid wissen, verdanken wir mutigen Seefahrern, Entdeckern und Forschern. Einer davon war Christoph Kolumbus. Christoph Kolumbus war ein Seefahrer aus der italienischen Hafenstadt Genua. Er zog nach Spanien. Von dort reiste er über den Atlantik, was er lange geplant hatte. Europäische Seeleute pflegten damals ostwärts nach „Indien“ zu segeln. Sie brachten Gold, Gewürze und andere Reichtümer aus Asien zurück.

Kolumbus glaubte fest daran, er würde schneller nach Indien gelangen, wenn er westwärts segelte. Vom spanischen Königshaus bekam er Geld und Schiffe für seine Entdeckungsfahrt. Kolumbus unternahm vier Expeditionen nach Amerika. Bis zu seinem Tod glaubte er, Indien entdeckt zu haben. In Wirklichkeit aber hatte er Amerika entdeckt. Die amerikanischen Ureinwohner heißen deshalb heute noch Indianer. Und die Inseln, die Kolumbus als Erster erreichte, bezeichnen wir heute noch als Westindische Inseln. „Santa Maria“ hieß das Schiff von Kolumbus. Die beiden anderen Schiffe, die ihn begleiteten, hießen Pinta und Niña.

PA

Aufgabe 1: *Schreibt gemeinsam eine kleine Geschichte, wie der Indianerhäuptling Ohitekah die Ankunft von Kolumbus erlebt.*

EA

Aufgabe 2: *Wichtige Entdeckungsreisen der Geschichte: Verbinde die Entdecker und Erforscher mit den richtigen Jahreszahlen. Hilfe gibt's in Lexika und im Internet.*

1. 1271 – 1295	**a.** Friedrich Hornemann durchquert die Sahara.
2. 1492	**b.** Engelbert Kaempfer erforscht Japan.
3. 1497 – 1498	**c.** David Livingstone erforscht Afrika.
4. 1690 – 1692	**d.** Marco Polo erforscht China, Indien und Persien.
5. 1797 – 1800	**e.** Vasco da Gama fährt um das Kap der Guten Hoffnung nach Indien.
6. 1799 – 1804	**f.** Christoph Kolumbus entdeckt Amerika.
7. 1849 – 1871	**g.** Alexander von Humboldt erforscht Mittel- und Südamerika.

Lernwerkstatt „Unsere Erde“
Grundschulausgabe – Bestell-Nr. 11 300
KOHL VERLAG Der Verlag mit dem Baum
www.kohlverlag.de

III. Entdecker und Forscher

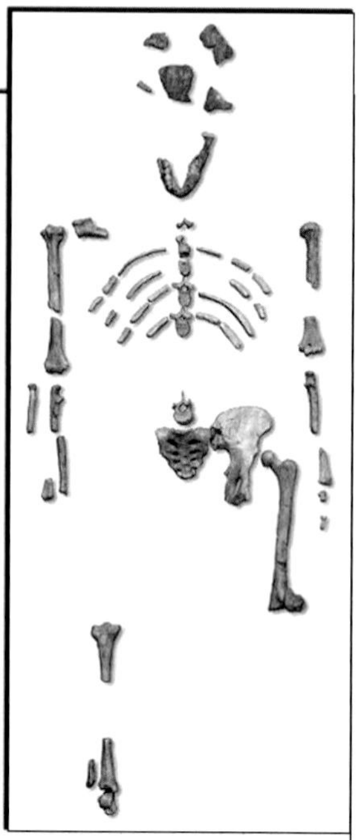

Lucy

Unsere Urahnin Lucy lebte vor 3,2 Millionen Jahren. Donald Johanson entdeckte ihr Skelett 1974 in Äthiopien (Afrika). Die Äthiopier nennen sie „Dingnsh“, das bedeutet „die Schöne“. Nur die Hälfte des Skeletts wurde gefunden.
Wahrscheinlich lebte Lucy etwa 20 Jahre. Sie wog 30 Kilogramm und war einen Meter groß. Ihr Skelett kann man im National Museum in Addis Abeba sehen und auch eine Kopie von Lucy, die aus Kunststoff hergestellt wurde.
Als die Expeditionsteilnehmer damals zusammensaßen und Songs der Beatles hörten, sagte jemand: „Nennen wir sie doch Lucy“ wie im Song „Lucy in the Sky with Diamonds“. Und so bekam sie den Namen Lucy.

„Hochkulturen“

Zu den ältesten „Hochkulturen“ gehören China, Ägypten, die Mayas, die Römer und die Griechen.
➲ **China:** 5000 Jahre ist die chinesische Kultur inzwischen alt. Sie ist die älteste (sogar die einzige) noch existierende alte Hochkultur der Welt. Kalligrafie, Malerei, Gedichte und Denkweisen konnten über Jahrtausende weitergegeben werden, während materielle Güter aus früheren Dynastien kaum erhalten geblieben sind. Chinesische Antiquitäten aus Porzellan, Jade oder Bronze sind heutzutage besonders wertvoll.
➲ **Die Mayas** leben von etwa 3000 v. Chr. bis heute in Mexiko und Guatemala.
Viele Geheimnisse umgeben dieses Volk, das einst die am höchsten entwickelte Kultur auf den amerikanischen Kontinenten besaß. Die Mayas hatten schon Schriftzeichen und betrieben Ackerbau.
➲ **Ägypten:** Die ägyptische Kultur begann im Jahr 3000 vor Christus. Zu dieser Zeit entstanden die Hieroglyphen und der Kalender. Bald folgten die ersten Steinbauten und Malereien. Pharaonen regierten das Land.
➲ **Die Alten Griechen** hatten anfangs noch Stadtstaaten mit Königen, es herrschte also eine Monarchie. Aber nach und nach setzte sich die Demokratie durch. Die Griechen „erfanden“ auch die Olympischen Spiele. Durch griechische Philosophen, Naturwissenschaftler und Dichter wurde unsere Kultur nachhaltig beeinflusst. Dazu gehört zum Beispiel der Philosoph und Mathematiker Pythagoras.
➲ **Die Römer:** Vor über 2000 Jahren war die Stadt Rom das glanzvolle Zentrum des riesigen Römischen Reiches.

Es gab in der Stadt Rom und daraufhin auch im gesamten Römischen Reich bereits viele Dinge, die für uns heute selbstverständlich sind, für antike Verhältnisse aber extrem fortschrittlich waren: Bildung war für die Römer wichtig, deshalb wurde Lesen, Schreiben und Mathematik gelehrt. Sie bauten schon damals Brücken, Straßen, Wasserleitungen und Kanäle.

Lernwerkstatt „Unsere Erde“
Grundschulausgabe – Bestell-Nr. 11 300
KOHL VERLAG
Der Verlag mit dem Baum
www.kohlverlag.de

III. Entdecker und Forscher

EA

Aufgabe 3: **a)** *Zu welchen Kontinenten gehören die Völker?*

Chinesen: ______________________

Ägypter: ______________________

Mayas: ______________________

Römer: ______________________

Griechen: ______________________

b) *Was verstehst du unter einer Hochkultur?*

____

____

____

c) *Welche Dinge aus dem frühen China sind heute sehr wertvoll?*

____

____

d) *Was entstand im Alten Ägypten?*

____

____

e) *Was „erfanden" die Griechen?*

____

____

f) *Was gab es schon im Alten Rom?*

____

____

____

g) *Beschreibe unsere „Urahnin" Lucy.*

____

____

Lernwerkstatt „Unsere Erde"
Grundschulausgabe – Bestell-Nr. 11 300
KOHL VERLAG Der Verlag mit dem Baum
www.kohlverlag.de

IV. Das Gradnetz der Erde

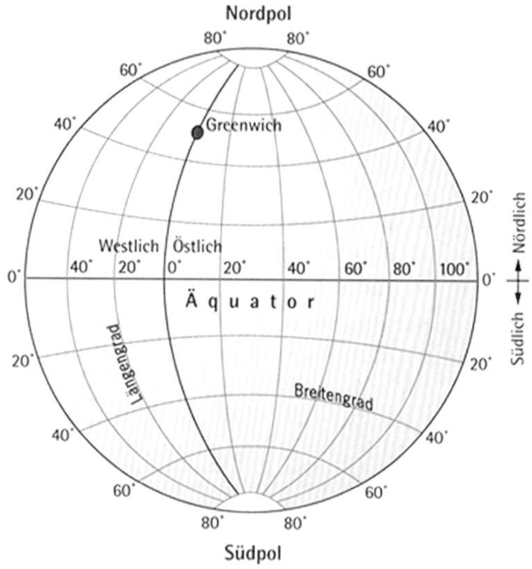

Breitenkreise
nördlicher Polarkreis: 66,5° N
nördlicher Wendekreis: 23,5° N
Äquator: 0°
südlicher Wendekreis: 23,5° S
südlicher Polarkreis: 66,5° S

Der **Längenkreis** mit 0° verläuft durch Greenwich (London). Man nennt ihn den „Nullmeridian“.
Von dort aus rechnet man östliche oder westliche Grade.

Die Klimazonen

Polare Zone: 66,5 – 90 °C	– Jahresdurchschnitt unter 0 °C
gemäßigte Zone: 23,5 – 66,5 °C	– Jahresdurchschnitt etwa 8 – 17 °C
Tropen: 0 – 23,5 °C	– Jahresdurchschnitt etwa 26 °C

EA

<u>Aufgabe 1</u>: *Beschrifte die Zonen in der Erdkugel unten richtig.*

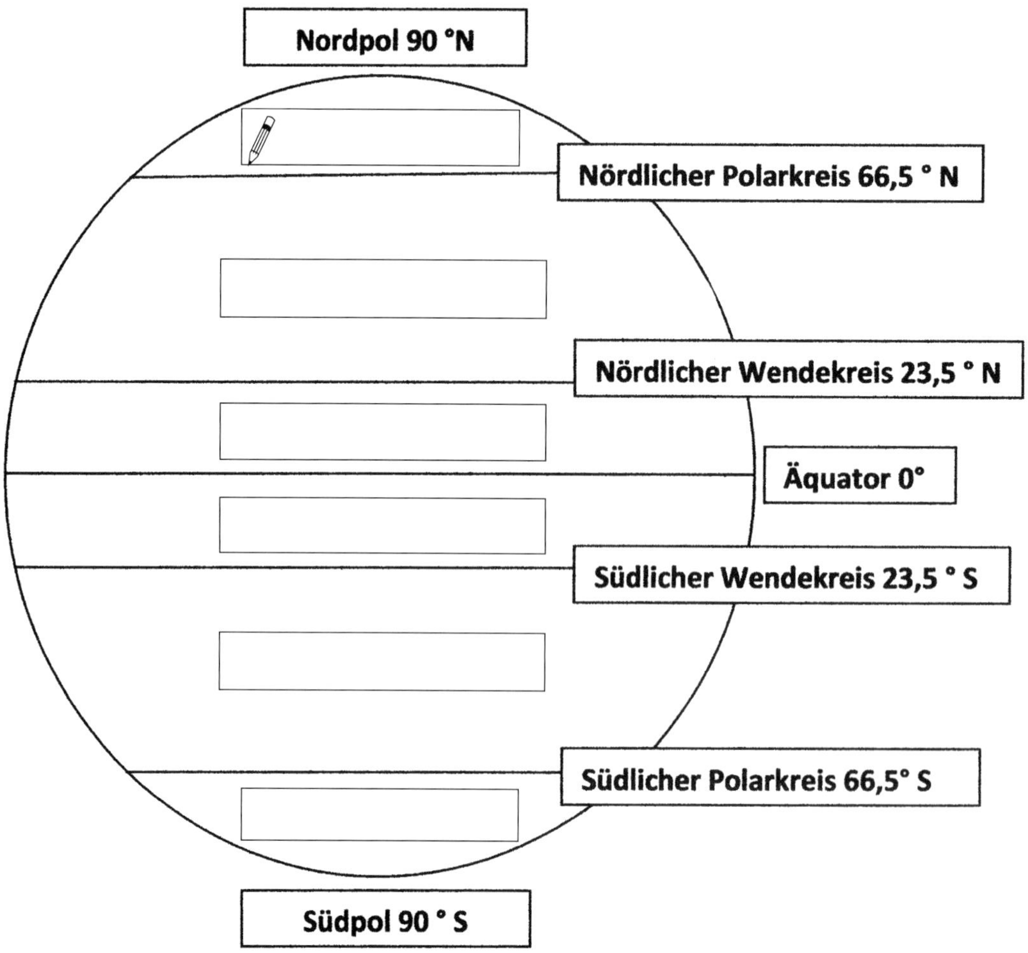

Lernwerkstatt „Unsere Erde“
Grundschulausgabe – Bestell-Nr. 11 300
KOHL VERLAG Der Verlag mit dem Baum
www.kohlverlag.de

IV. Das Gradnetz der Erde

EA

Aufgabe 2: **a)** *Setze passend ein:*

Längenkreis – Breitenkreis – Nordhalbkugel – Äquator – Südhalbkugel – Nordpol

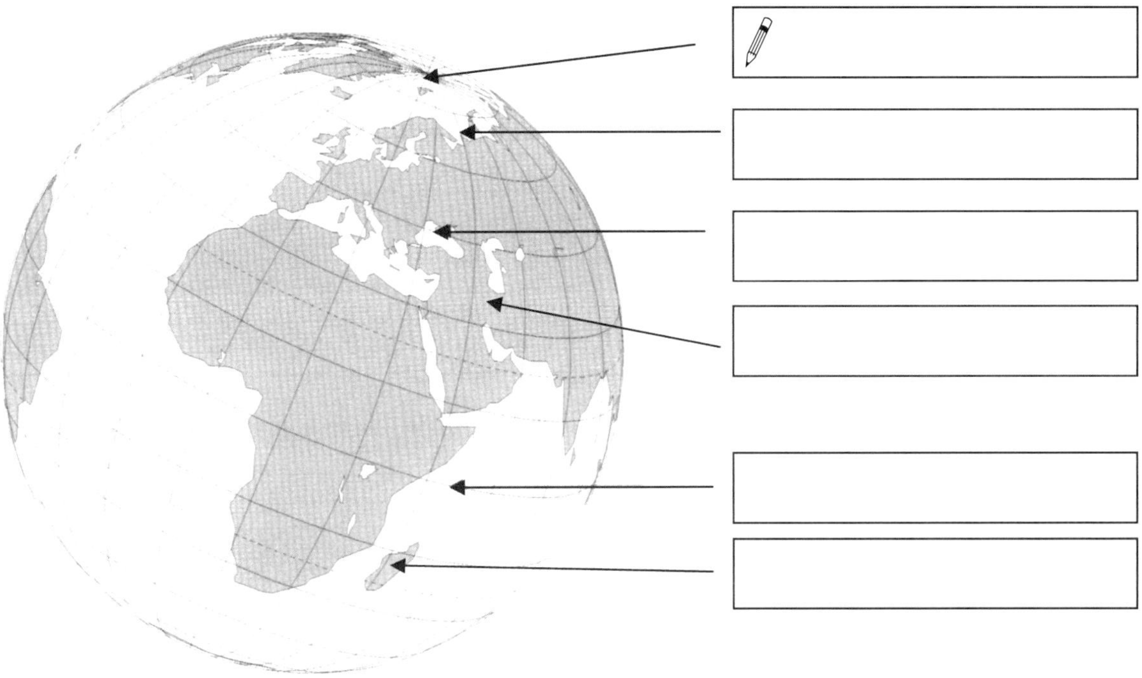

b) *Setze die Lückenwörter passend ein:*

Längenkreise – Gradnetz – Äquator – Kugel – Nordhalbkugel – Meridiane – Nordpol – einmal – Breitenkreise – Polen – Südhalbkugel

Die Erde ist fast eine ____________________ . Sie dreht sich in einem Tag ________________ um ihre eigene Achse. Das ______________________ , mit dem man jeden Punkt auf der Erde bestimmen kann, ist in zweierlei Kreise eingeteilt:

Die _____________________________ , auch _____________________ genannt, sind alle gleich lang und verlaufen durch den Südpol und den _____________________ .

Die _____________________________ verlaufen alle parallel. Sie sind nicht gleich lang, sondern werden zu den __________________ hin immer kürzer. Der wichtigste Breitenkreis ist der ______________________ . Er teilt die Erde in eine __________________________ und eine _____________________________ .

Lernwerkstatt „Unsere Erde“ – Grundschulausgabe – Bestell-Nr. 11 300
KOHL VERLAG Der Verlag mit dem Baum www.kohlverlag.de

IV. Das Gradnetz der Erde

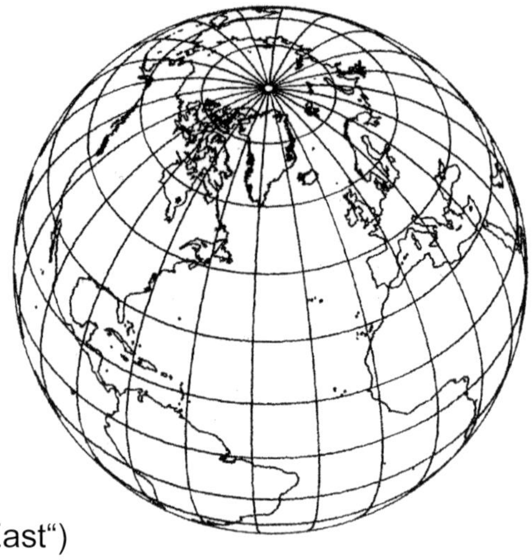

➲ Ortsbestimmung

Jeder Ort auf der Welt kann mit Hilfe des Gradnetzes ganz genau bestimmt werden.
Für jeden Ort gibt es eine Länge und eine Breite.
Diese Zahlen nennt man Koordinaten.
Berlin hat folgende Koordinaten (gerundet):
52° N, 13° O.
Man sagt: 52 Grad Nord, 13 Grad Ost.
Für Ost wird meist ein „E“ verwendet (vom englischen „East“)

So bestimmst du die Lage eines Ortes:

Bestimmung der Breite (Nord-Süd-Lage)				**Bestimmung der Länge (Ost-West-Lage)**			
		Moskau	Rio de Janeiro			Moskau	Rio de Janeiro
1.	Liegt der Ort nördlich oder südlich des Äquators?	**N**	**S**	1.	Ist der Ort östlich oder westlich des Nullmeridians?	**O (E)**	**W**
2.	Wie viele Grade ist der Ort vom Äquator entfernt?	**55°**	**22°**	2.	Wie viele Grade ist der Ort vom Nullmeridian entfernt?	**37°**	**43°**
3.	1. und 2. ergibt die Breite.	**55° N**	**22° S**	3.	1. und 2. ergibt die Länge.	**37° E**	**43° W**

EA

<u>Aufgabe 3</u>: **a)** *Nun hast du die Koordinaten von Moskau: 55° N, 37° Ost (East).*

Notiere auch die von Rio de Janeiro: ______________________

b) *Übertrage die Tabelle oben in dein Heft. Bestimme mit Hilfe eines Atlas genauso:* ***New York*** *und* ***Kapstadt****.*

c) *Wo liegt Tokio?* ______________________

d) *Paris?* ______________________

e) *Welche große Stadt liegt etwa 40° N, 116° E?* ______________________

f) *Welche Stadt finden wir hier: 34° N , 118° W?* ______________________

V. Die Kontinente unserer Erde

Unser Planet Erde hat sieben Kontinente:

1. **Nordamerika**
2. **Südamerika**
3. **Afrika**
4. **Europa**
5. **Asien**
6. **Australien und Ozeanien**
7. **Antarktis**

Oft ist aber auch von nur fünf Kontinenten die Rede. Dann sind Nord- und Südamerika zu Amerika und Europa und Asien zu Eurasien zusammengefasst.

EA

Aufgabe 1: **a)** *Male die sieben Kontinente mit verschiedenen Farben an.*

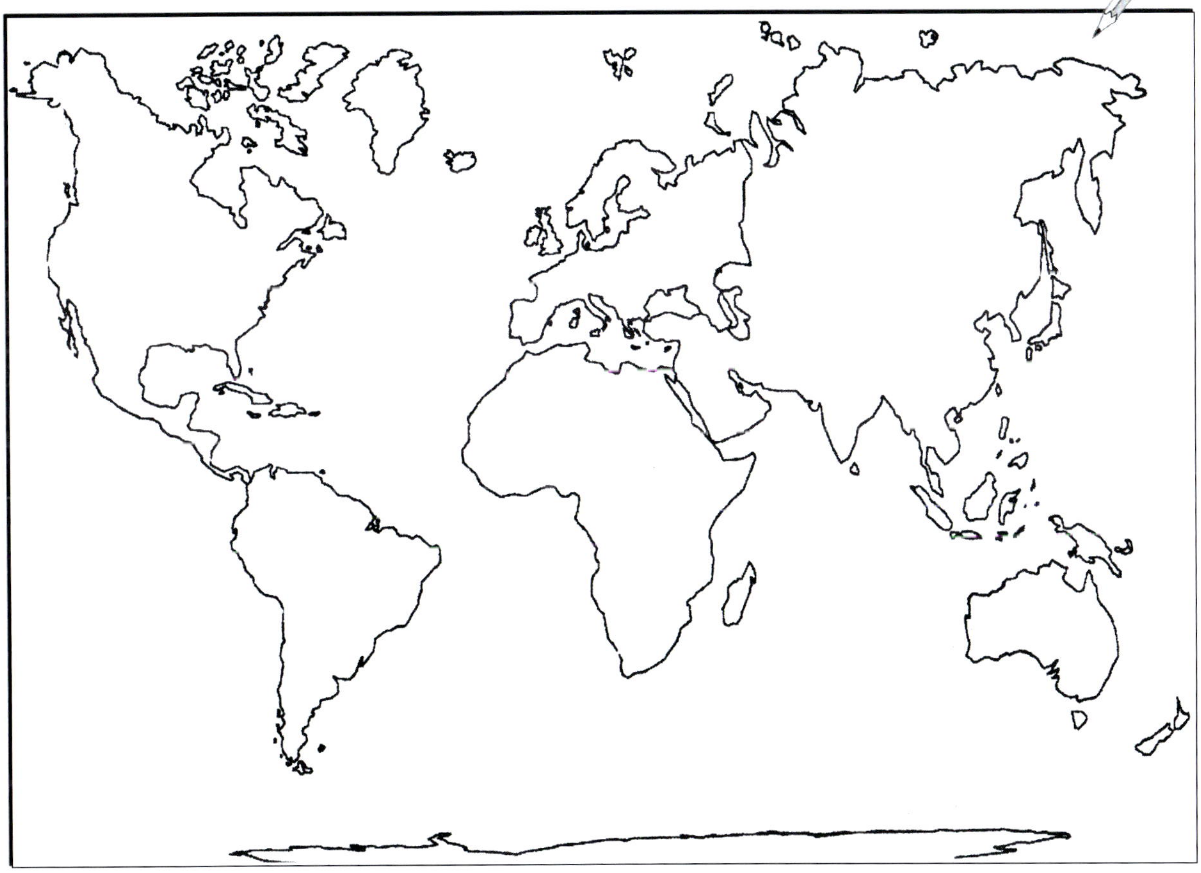

b) *Forsche nach und ordne die Kontinente der Größe nach.*

c) *Finde heraus: Auf welchem Kontinent leben die meisten Menschen?*

d) *Wo leben die wenigsten Menschen?*

Lernwerkstatt „Unsere Erde“
Grundschulausgabe – Bestell-Nr. 11 300
KOHL VERLAG
www.kohlverlag.de

V. Die Kontinente unserer Erde

➲ Die Kontinente und die Weltmeere (Ozeane)

Es gibt drei **Ozeane**: Atlantischer, Pazifischer und Indischer Ozean.

Randmeere liegen am Rand von Kontinenten. Hierzu gehören Beringmeer, Ostchinesisches Meer, Japanisches Meer, Nordsee, Sankt-Lorenz-Strom, Golf von Kalifornien, Irische See und noch einige andere.

Mittelmeere gibt es acht: Nordpolarmeer, Karibische See, Golf von Mexiko, Europäisches Mittelmeer, Hudson Bay, Rotes Meer, Ostsee und Persischer Golf.

EA

Aufgabe 2: *Beschrifte die drei Ozeane und die sieben Kontinente in der Karte.*

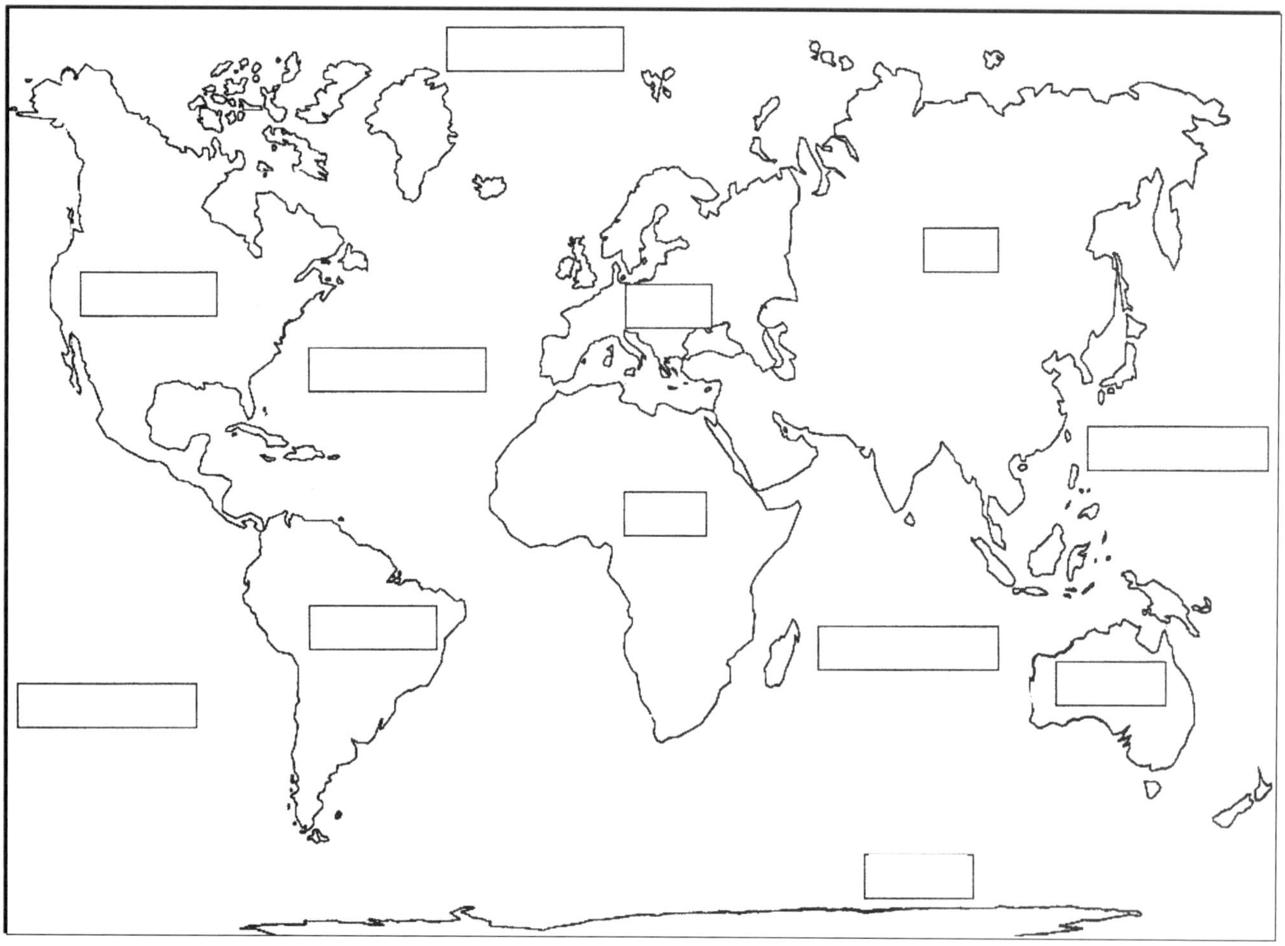

Lernwerkstatt „Unsere Erde“
Grundschulausgabe – Bestell-Nr. 11 300
KOHL VERLAG Der Verlag mit dem Baum
www.kohlverlag.de

V. Die Kontinente unserer Erde

➲ Flüsse, Seen, Meere

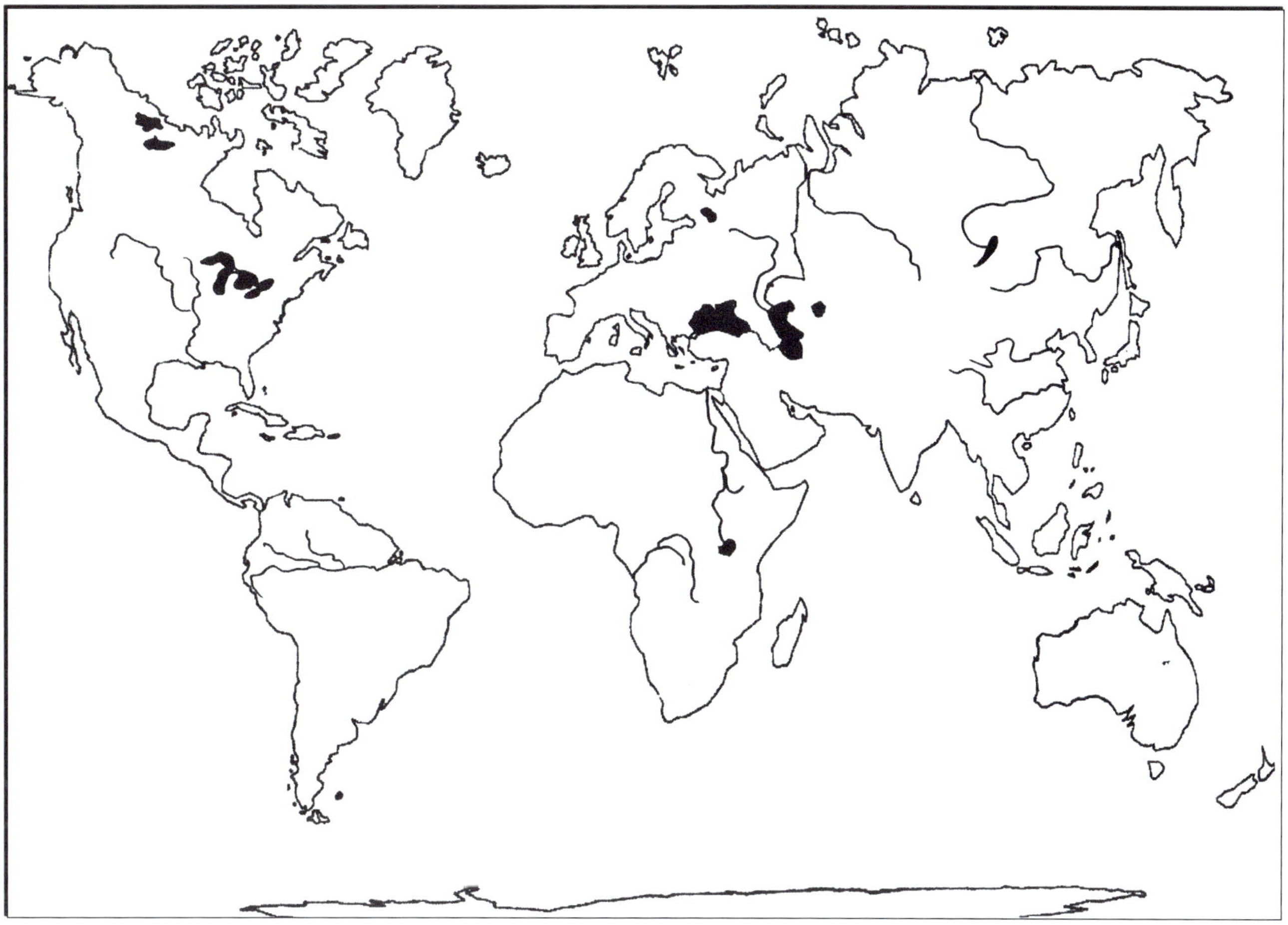

EA

Aufgabe 3: *Nimm eine Weltkarte oder einen Atlas zur Hand und beschrifte Flüsse, Seen und Meere mit den richtigen Zahlen bzw. Buchstaben.*

Flüsse

1. Nil
2. Amazonas
3. Jangtsekiang
4. Mississippi-Missouri
5. Ob
6. Hwangho
7. Amur
8. Lena
9. Kongo
10. Wolga

Meere

A. Karibisches Meer
B. Mittelmeer
C. Beringmeer
D. Hudsonbay
E. Arabisches Meer
F. Schwarzes Meer

Seen

a. Kaspisches Meer
b. Oberer See
c. Victoriasee
d. Großer Bärensee
e. Baikalsee
f. Großer Sklavensee
g. Ladogasee

Lernwerkstatt „Unsere Erde“ Grundschulausgabe – Bestell-Nr. 11 300
KOHL VERLAG Der Verlag mit dem Baum
www.kohlverlag.de

V. Die Kontinente unserer Erde

➲ Zwei ganz wichtige: Der Suezkanal und der Panama-Kanal

Der Suezkanal ist ein 163 Kilometer langer Kanal, der das Rote Meer mit dem Mittelmeer verbindet. Er stellt eine wichtige Abkürzung auf dem Schiffsweg zwischen Europa und Asien dar, da die Schiffe sonst Afrika umfahren müssten. Der Suezkanal beginnt im Mittelmeer bei der Hafenstadt Port Said und endet im Roten Meer bei der Stadt Suez.
10 Jahre wurde unter Leitung des Franzosen Ferdinand de Lesseps an dem Kanal gebaut, bis er 1869 eröffnet wurde. Der Kanal verkürzte den Seeweg von Europa nach Indien gegenüber der Fahrt um das afrikanische Kap der Guten Hoffnung etwa um ein Viertel.

EA

Aufgabe 4: a) *Zeichne oben in die Karte die Reiseroute von Spanien nach Indien vor dem Bau des Kanals rot ein, nach der Eröffnung des Suezkanals grün ein. Startpunkt und Zielpunkt sind schwarz.*

Der Panama-Kanal
Vor dem Bau des Kanals war die schnellste Seeverbindung von der Ostküste zur Westküste Nordamerikas die 30.000 km lange und gefährliche Umschiffung des Kap Hoorn. Daher bauten die USA einen großen Kanal durch Panama in Mittelamerika, wo Pazifik und Karibik nur knapp 82 km auseinander liegen. Dadurch wurde die Seestrecke New York – San Francisco auf ca. 10.000 km verkürzt.
Am 15. August 1914 wurde er in Betrieb genommen. Der Kanal ist nur für Schiffe mit einem maximalen Tiefgang von 12 m passierbar. Für rund 60% aller Handelsschiffe ist er somit unpassierbar. Man beschloss den Ausbau des Kanals. 2014 oder 2015 soll er fertig sein.

b) *Zeichne auch auf dieser Karte den Seeweg von Spanien nach San Francisco ein: Vor dem Bau des Kanals rot, nach der Eröffnung grün. Startpunkt und Zielpunkt sind schwarz.*

Lernwerkstatt „Unsere Erde“
Grundschulausgabe – Bestell-Nr. 11 300
KOHL VERLAG
Der Verlag mit dem Baum
www.kohlverlag.de

V. Die Kontinente unserer Erde

➲ **Die größten Inseln der Erde**

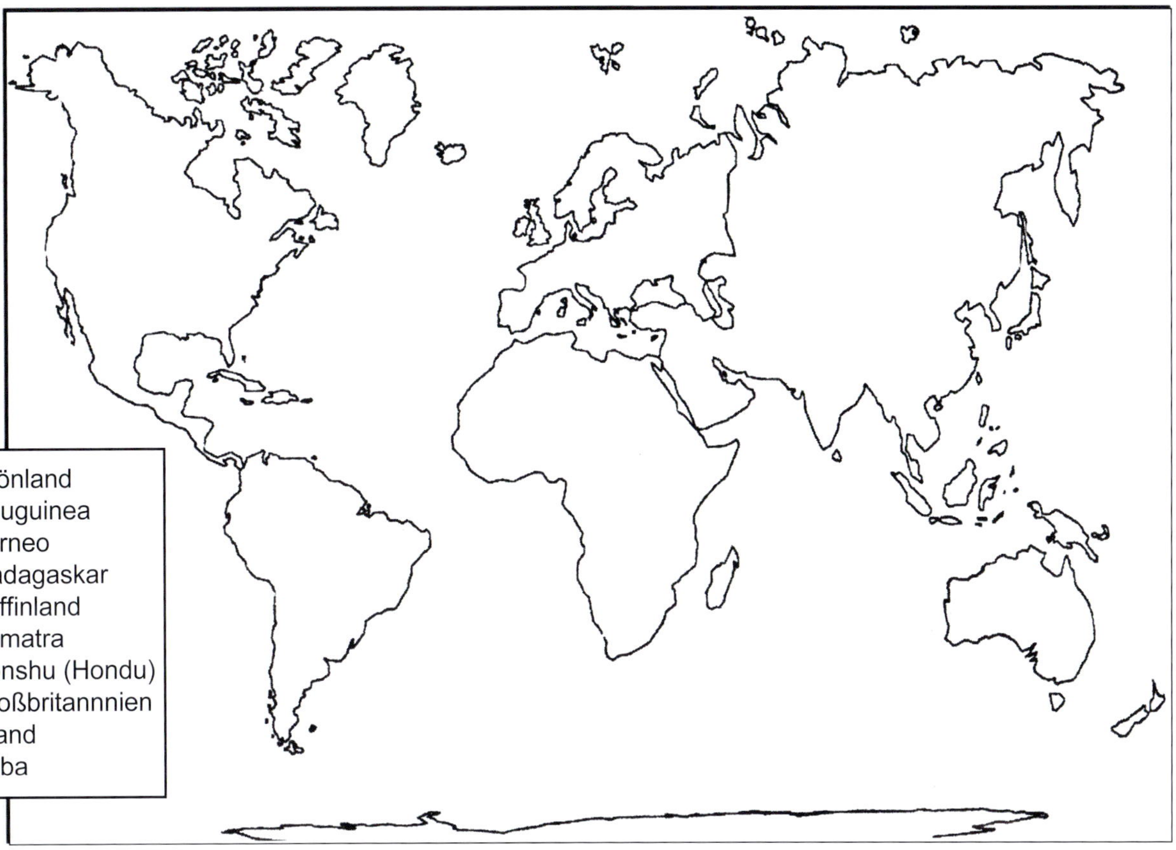

A: Grönland
B: Neuguinea
C: Borneo
D: Madagaskar
E: Baffinland
F: Sumatra
G: Honshu (Hondu)
G: Großbritannnien
I: Island
J: Kuba

EA

Aufgabe 5: a) *Setze oben auf der Karte die richtigen Buchstaben zu den Inseln ein.*

b) *Erkennst du die Inseln unten an der Form? Schau in einen Atlas.*
Tipp: Die Inseln können auch verdreht abgebildet sein.

1 ____________________

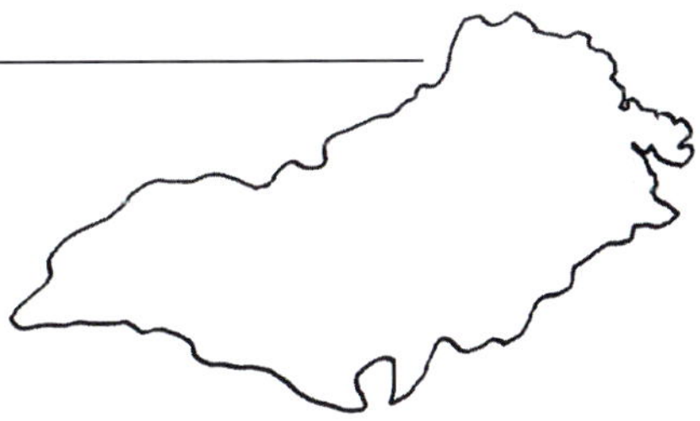

2 ____________________

4 ____________________

3 ____________________

7 ____________________

6 ____________________

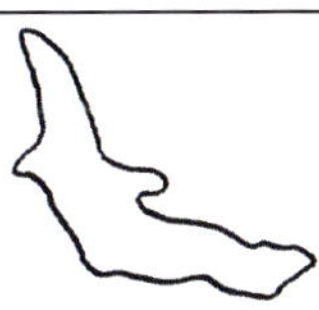

5 ____________________

8 ____________________

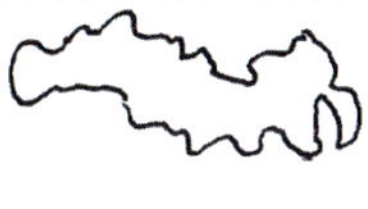

V. Die Kontinente unserer Erde

➲ Die größten Berge und Gebirge der Erde

EA

Aufgabe 6: **a)** *Beschrifte die Karte mit den richtigen Gebirgen und Bergen.*

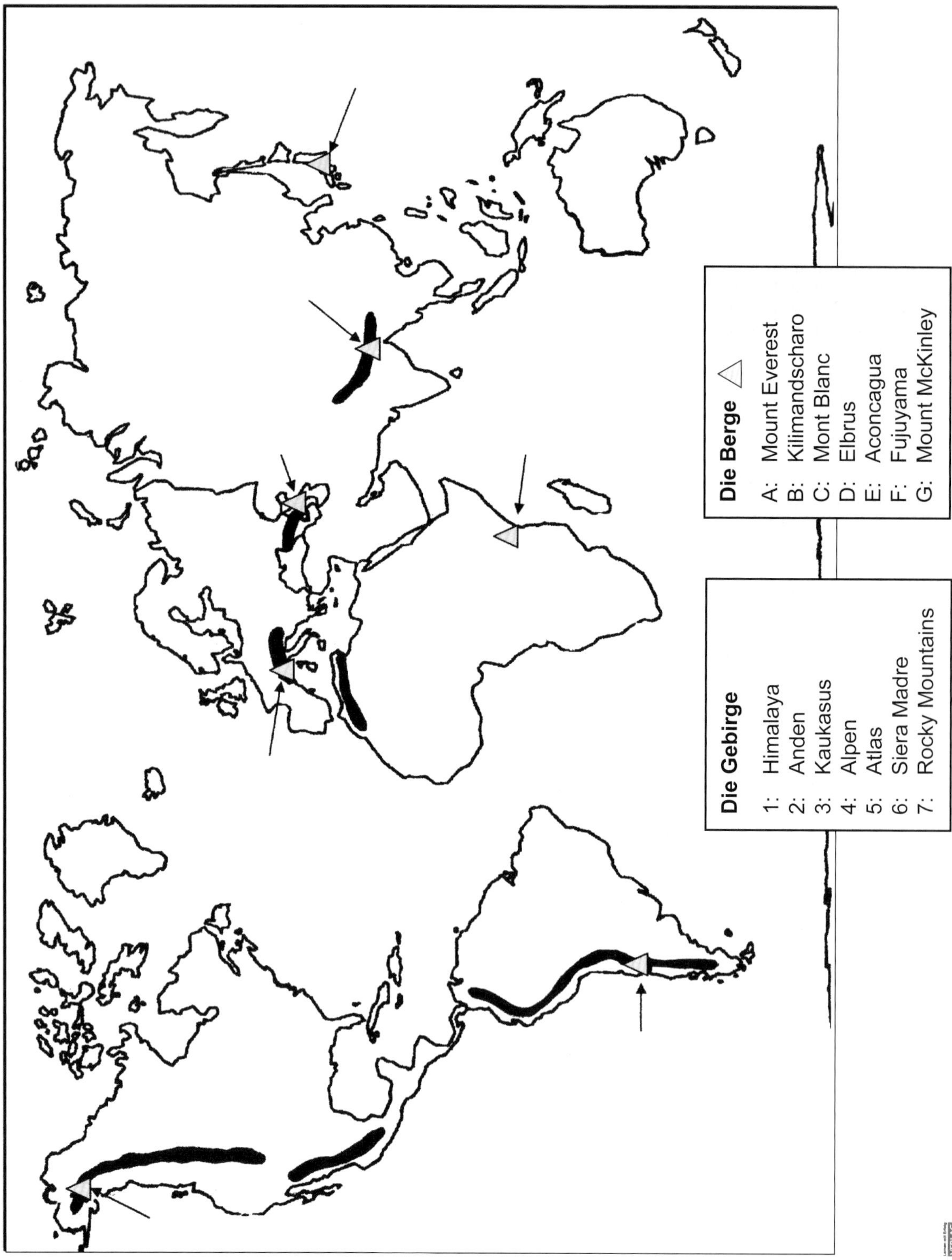

V. Die Kontinente unserer Erde

b) *Zeichne die Höhe der Berge ein.*

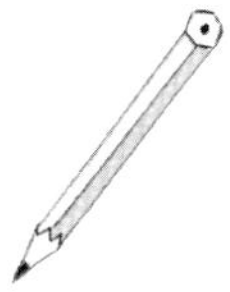

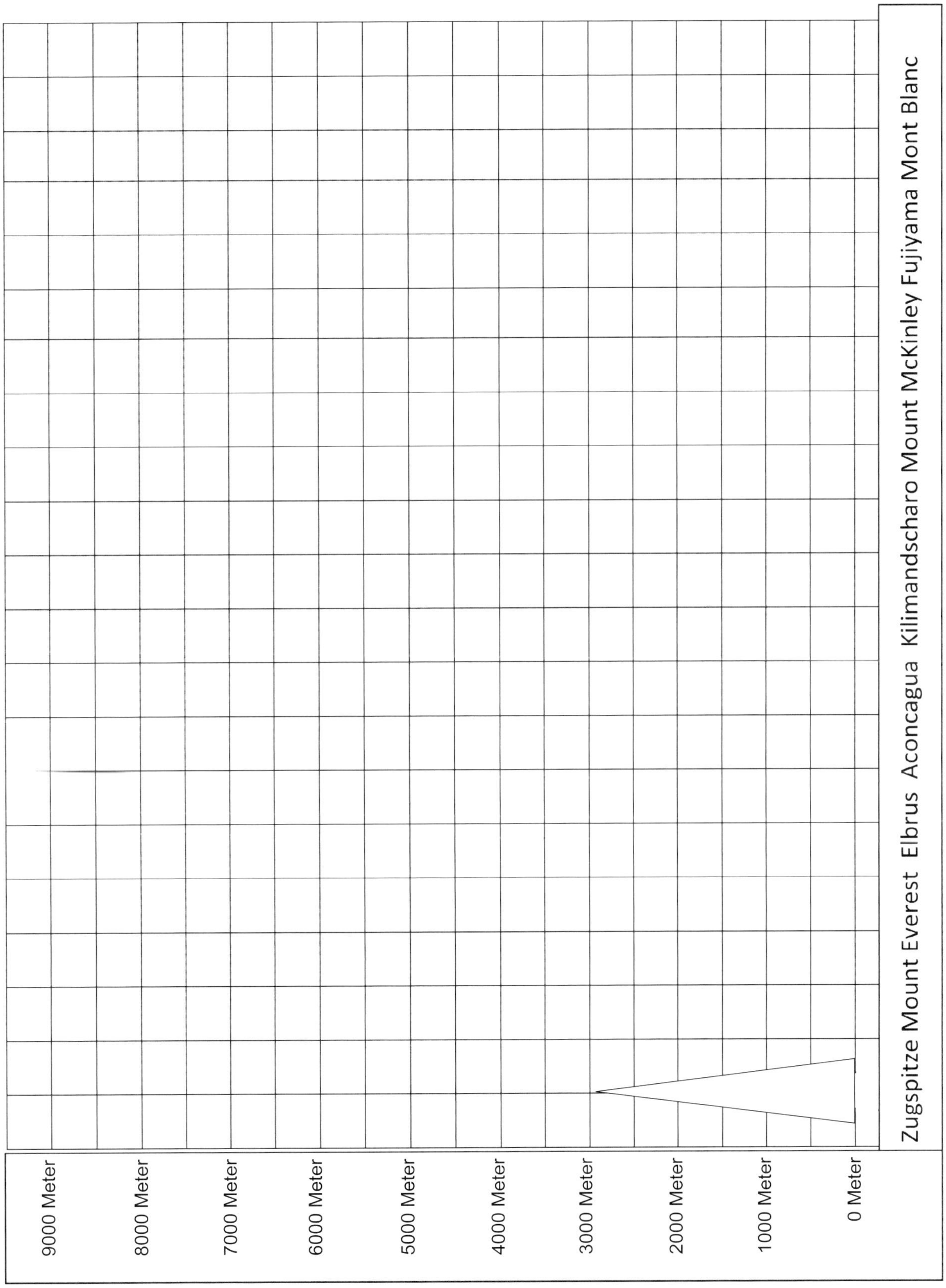

Lernwerkstatt „Unsere Erde“
Grundschulausgabe – Bestell-Nr. 11 300
KOHL VERLAG
Der Verlag mit dem Baum
www.kohlverlag.de

V. Die Kontinente unserer Erde

➲ Landschaften und Wüsten

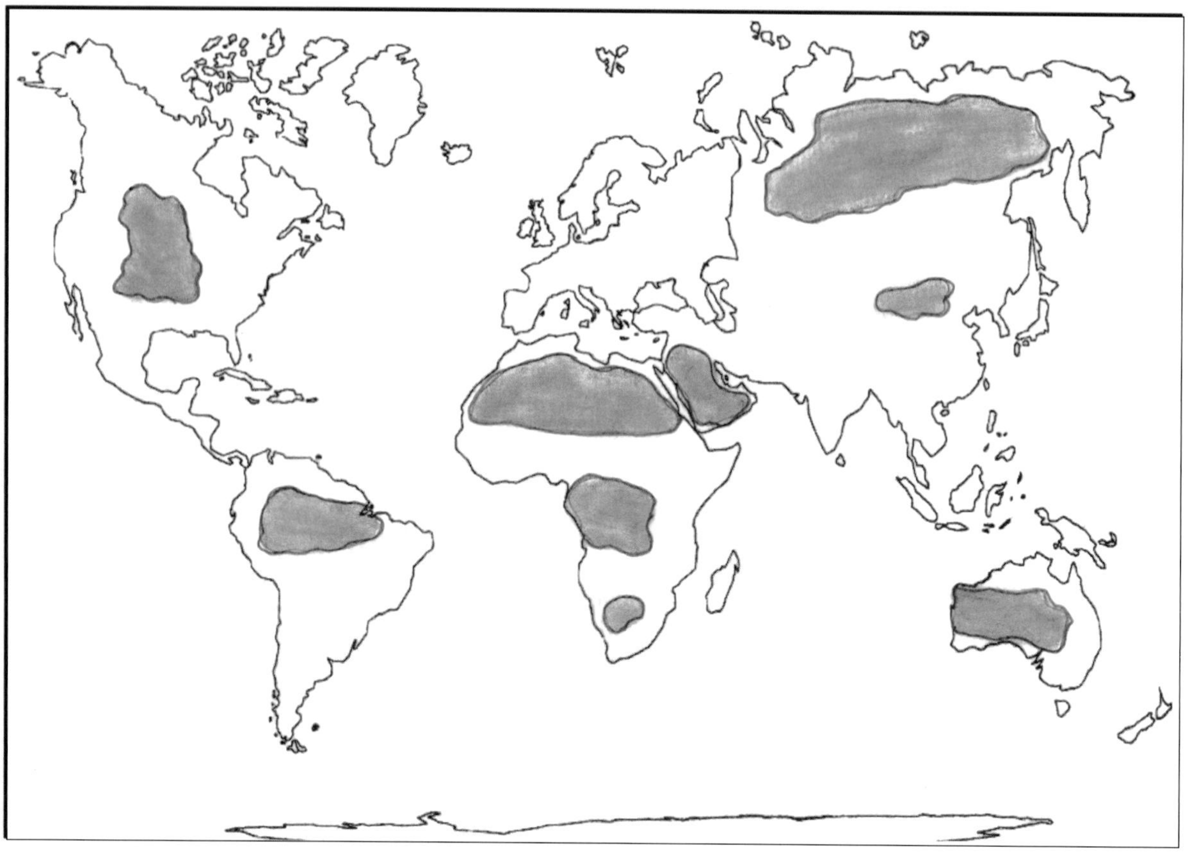

EA

Aufgabe 7: *Wo liegt denn was? Füge die Zahlen aus dem folgenden Text in die Karte passend ein.*

Die größten Regenwald-Gebiete auf unserer Erde liegen im **Amazonasbecken (1)** und im **Kongobecken (2)**. Regenwald ist ein naturbelassener Wald in einem sehr feuchtheißen (tropischen) Klima. Im Regenwald wachsen Pflanzen und Bäume das ganze Jahr über.
Sibirien (3) ist ein riesengroßes Gebiet im asiatischen Russland. 7 000 km zieht es sich von Ost nach West, 3 500 km von Nord nach Süd. Das riesenhafte Gebiet unterteilt sich in mehrere Vegetationszonen: arktische Kältewüste, Tundra, Taiga und Steppe. Dort ist es meist sehr kalt, die durchschnittliche Jahrestemperatur beträgt circa null Grad Celsius.
Es gibt viele Bodenschätze dort.
Auf fast allen Kontinenten gibt es große Wüsten: In Nordamerika die **Great Planes (4)**, in Afrika die **Sahara (5)**, die größte Wüste der Welt, und die **Kalahari (6)**.
In Asien finden wir die **Wüste Gobi (7)** und die **Arabische Wüste (8)**. Einen großen Teil Australiens nimmt die **Australische Wüste (9)** ein.

Lernwerkstatt „Unsere Erde“
Grundschulausgabe – Bestell-Nr. 11 300
KOHL VERLAG Der Verlag mit dem Baum
www.kohlverlag.de

VI. Europa

➲ EUROPA

In Europa leben auf ziemlich kleiner Fläche sehr viele Menschen. Es besteht aus knapp 50 Einzelstaaten. Europa erstreckt sich von Norwegen bis Griechenland und von Portugal bis zum Ural in Russland. Wenn man Europa durchquert, stößt man auf die unterschiedlichsten Völker, Kulturen und Landschaften. Verbunden ist Europa noch mit einem anderen Kontinent: mit Asien. Es sind die einzigen beiden Kontinente, die nicht durch Wasser getrennt sind. Gemeinsam bilden die beiden eine riesige Landmasse, die man auch Eurasien nennt.

In der südlichen Hälfte Europas liegen hohe Gebirgszüge. Von Osten nach Westen sind es die Pyrenäen, die Alpen, der Apennin, das Balkangebirge, die Karpaten und ganz im Osten der Kaukasus. Größte Halbinseln sind die Skandinavische, die Iberische, die Apennin- und die Balkanhalbinsel. Die größten Inseln sind Großbritannien und Island. Ganz Europa liegt nördlich der heißen Tropen und der größte Teil Europas liegt südlich des Polarkreises. Deshalb herrscht ein gemäßigtes Klima. Mit einer Fläche von 10,5 Mill. km² ist Europa der zweitkleinste Kontinent.

PA

Aufgabe 1: a) *Durch Urlaubsfahrten, Fernsehen, Internet und das Leben auf diesem Kontinent weiß man so einiges.*
Schreibt es in einen Cluster (siehe Seite 24) und berichtet abwechselnd über die Themen.

Lernwerkstatt „Unsere Erde“
Grundschulausgabe – Bestell-Nr. 11 300
KOHL VERLAG Der Verlag mit dem Baum
www.kohlverlag.de

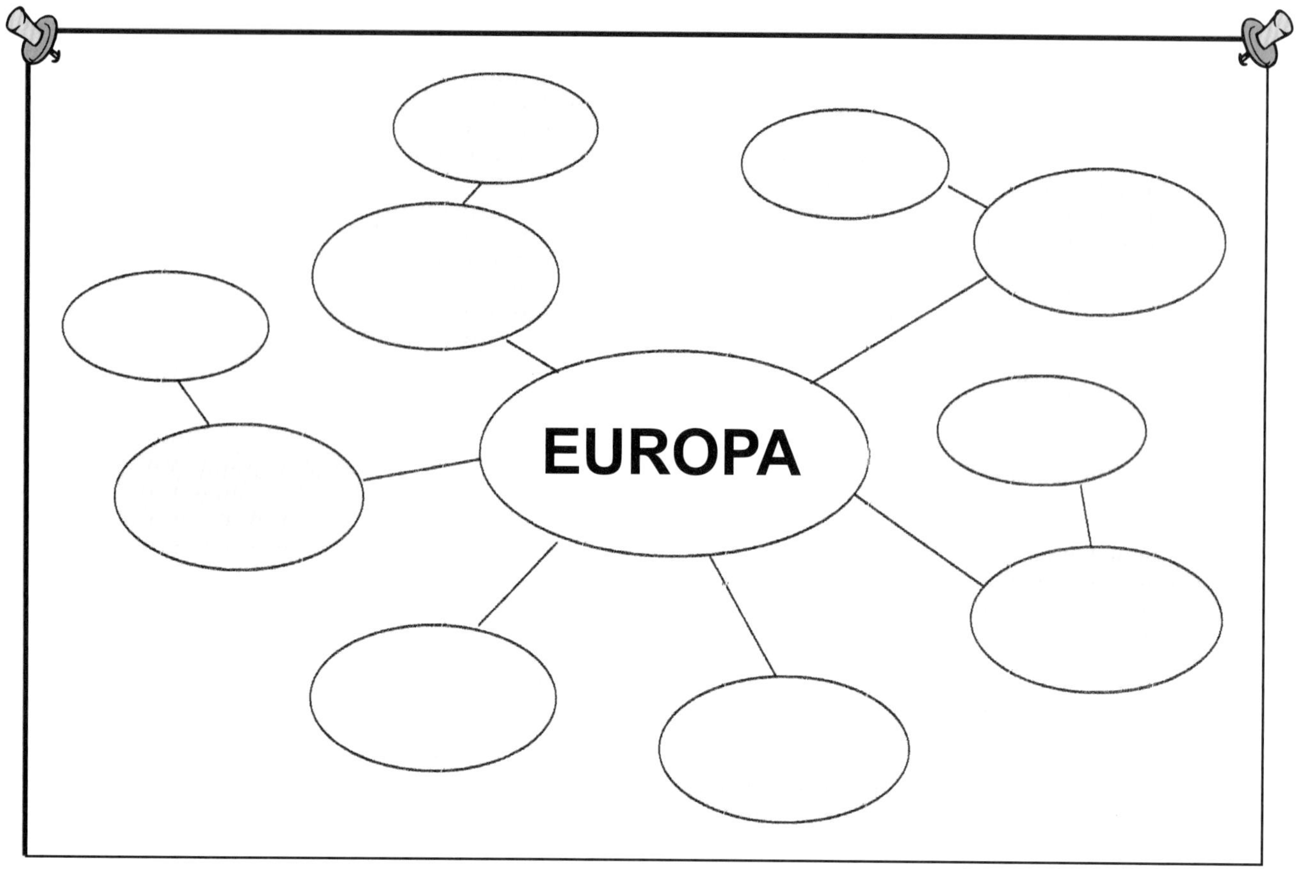

b) *Der Cluster kann auf DIN A 3 vergrößert und an die Tafel gehängt werden. Dann kann jeder Schüler eintragen, worüber er Bescheid weiß.*

c) *Man kann den Cluster auch für verschiedene Gebiete Europas verwenden.*

Beispiel:

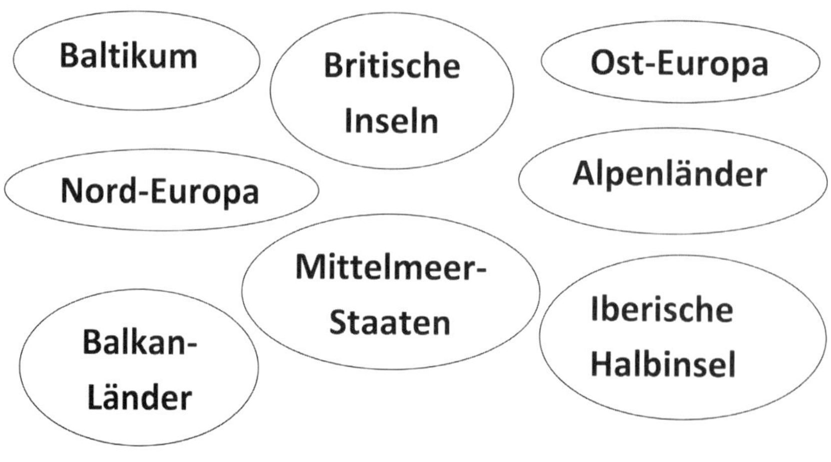

KOHL VERLAG Der Verlag mit dem Baum
www.kohlverlag.de

VI. Europa

EA

Aufgabe 2: ***Die Hauptstädte Europas***
Nimm einen Atlas und setze die fehlenden Hauptstädte Europas ein.

Mittel- und Westeuropa

Deutschland	______
Niederlande	______
Belgien	______
Luxemburg	______
Frankreich	______
Monaco	Monaco
Schweiz	______
Liechtenstein	Vaduz
Österreich	______

Südeuropa und Mittelmeerraum

Italien	______
San Marino	San Marino
Vatikan	Vatikanstadt
Griechenland	______
Türkei	______
Zypern	Nikosia
Malta	Valetta

Süd-West Europa – Iberische Halbinsel

Spanien	______
Andorra	Andorra la Vella
Portugal	______

Süd-Ost Europa

Bulgarien	______
Rumänien	______
Slowenien	Ljubljana
Slowakei	Bratislava

Die Einteilung von Europa wird oft anders gesehen. Dieses Schema ist also nicht verbindlich oder wissenschaftlich.

Britische Inseln

Großbritannien	______
Republik Irland	______

Nordeuropa und Baltikum

Dänemark	______
Finnland	______
Norwegen	______
Schweden	______
Island	Reykjavik
Estland	Tallinn
Lettland	Riga
Litauen	Vilnius

Die Balkanstaaten

Albanien	Tirana
Bosnien und Herzegowina	Sarajevo
Kroatien	______
Mazedonien	Skopje
Serbien	Belgrad
Montenegro	Podgorica
Kosovo	Pristina

Osteuropa

Tschechien	______
Polen	______
Ukraine	Kiew
Weißrussland	Minsk
Ungarn	______
Moldawien	Chisinau
Russland	______

Lernwerkstatt „Unsere Erde“
Grundschulausgabe – Bestell-Nr. 11 300
KOHL VERLAG Der Verlag mit dem Baum
www.kohlverlag.de

VI. Europa

EA

Aufgabe 3: *Schneide die Bilder aus und klebe sie auf die Seiten 27 bis 29 zu den richtigen Ländern Europas.*

Lernwerkstatt „Unsere Erde“
Grundschulausgabe – Bestell-Nr. 11 300
KOHL VERLAG Der Verlag mit dem Baum
www.kohlverlag.de

VI. Europa

Skandinavien

Zu Skandinavien gehören Dänemark, Norwegen, Schweden und Finnland. Die Skandinavier, durch gemeinsame Traditionen und Geschichte in ihrer Lebensweise recht ähnlich, nennen dies alles einfach „Norden“. Zum Norden gehören ebenfalls Island, Grönland und die Färöer-Inseln (zu Dänemark) und Spitzbergen (zu Norwegen).

Das Baltikum

Dazu gehören Estland, Lettland und Litauen. Es herrscht eine waldreiche, von Dünen und Moränen geprägte Landschaft vor. Die Hauptstädte des Baltikums sind Riga, Tallinn und Vilnius. Außerhalb der Städte sind die Länder nur dünn besiedelt. Alle drei Länder liegen an der Ostsee und sind berühmt für ihre Bernsteinfunde.

Die Britischen Inseln

Hierzu zählen wir Großbritannien und Irland. Zum Vereinigten Königreich (United Kingdom) gehören England (Hauptstadt London), Wales, Nordirland und Schottland. Auf der kleineren Insel liegt als selbständiger Staat die Republik Irland mit der Hauptstadt Dublin.

Island – ganz im Norden

Island liegt direkt unter dem Polarkreis, 280 km von Grönland, mehr als 800 km von Schottland. Es ist das am dünnsten besiedelte Land in Europa. Die Menschen leben meist an den Küsten vom Tourismus und der Fischerei. In den Gewässern um Island leben viele Walarten. Schon die Wikinger haben hier vor etwa 1 000 Jahren gelebt. Island ist die größte Vulkaninsel der Welt. Mit dem Wasser der heißen Quellen könnte man täglich über 1 000 Badewannen füllen.

Lernwerkstatt „Unsere Erde“
Grundschulausgabe – Bestell-Nr. 11 300
KOHL VERLAG Der Verlag mit dem Baum
www.kohlverlag.de

VI. Europa

Mitteleuropa
Niederlande, Belgien, Luxemburg und Deutschland liegen, wie auch die Alpenländer, in Mitteleuropa. Luxemburg ist der kleinste Staat. In Brüssel, der Hauptstadt Belgiens, befindet sich das Europa-Parlament. Deutschland ist das größte, Luxemburg das kleinste Land dieser vier. In Duisburg liegt der größte Binnenhafen der Welt.

Die Alpenländer
Österreich, Schweiz und Liechtenstein liegen zum größten Teil in den Alpen. Besonders die Schweiz und Österreich sind beliebte Urlaubsziele zum Skifahren und Wandern. Die Schweizer sind bekannt für ihre Uhren und die Schokolade, Österreich für seine Komponisten. Das Schloss Vaduz ist das Wahrzeichen Liechtensteins.

Die Staaten am Mittelmeer
Frankreich, der kleine Staat Monaco, Italien mit den Zwergstaaten San Marino und Vatikanstadt, Griechenland, Türkei, Malta und Zypern liegen am und im Mittelmeer. Der größte Teil der Türkei und Zypern zählen ihrer Lage nach eigentlich schon zu Asien. Frankreich ist bekannt für guten Wein und leckeren Käse, aus Italien kommen Pizza und Pasta, von den Griechen kennen wir Gyros und aus der Türkei den Döner.

Die Iberische Halbinsel
Hier liegen Spanien, Portugal und der Zwergstaat Andorra. Spanier und Portugiesen waren früher große Seefahrer, Entdecker und Erforscher. Wir machen heute besonders in Spanien an der Mittelmeerküste und auf den Balearen gerne Urlaub. Doch Spanien und Portugal haben große wirtschaftliche Probleme: die Arbeitslosigkeit ist hoch und die Banken brauchen Hilfe. An der Meerenge von Gibraltar liegen Europa und Afrika am nächsten beisammen. Auf dem Felsen von Gibraltar leben die einzigen Affen in Europa.

Lernwerkstatt „Unsere Erde"
Grundschulausgabe – Bestell-Nr. 11 300
KOHL VERLAG Der Verlag mit dem Baum
www.kohlverlag.de

VI. Europa

Osteuropa
Zu Osteuropa zählen wir Tschechien, Polen, die Ukraine, Weißrussland, Ungarn, Moldawien und den europäischen Teil Russlands. Als Grenze zu Asien nennt man meist den Ural, und zwar das Gebirge. Es gibt auch einen Fluss, der Ural heißt. Ungarn mit dem Plattensee (Balaton) ist ein beliebtes Reiseziel. Polen und die Ukraine waren 2012 Gastgeberländer der Europameisterschaft im Fußball.

Süd-Ost-Europa
Die Länder Bulgarien, Rumänien, Slowenien und die Slowakei liegen zum Teil auch auf der Balkanhalbinsel. Diese vier Länder gehören zur Europäischen Union. Bulgarien und Rumänien liegen an der Schwarzmeerküste. Dort verbringen viele Menschen ihren Urlaub.

Die Balkanländer
Auf der Balkan-Halbinsel liegen Bosnien-Herzegowina, Kosovo, Kroatien, Mazedonien, Montenegro und Serbien. Sie sind aus dem früheren Jugoslawien entstanden und gehören nicht zur EU. Auch Albanien zählt zu den Balkanstaaten. Es liegt am Mittelmeer und ist ein sehr armes Land. Das Land ist bergig. Zwei Drittel der Einwohner leben in abgelegenen Dörfern und betreiben Landwirtschaft.
Kroatien hingegen ist ein beliebtes Touristenziel. Die Inseln in der Adria locken viele Besucher an.

KOHL VERLAG Der Verlag mit dem Baum www.kohlverlag.de
Lernwerkstatt „Unsere Erde“
Grundschulausgabe – Bestell-Nr. 11 300

VI. Europa

➲ Die Europäische Union

Die Europäische Union, kurz EU genannt, ist eine Gemeinschaft von 27 Staaten in Europa. Sie strebt gemeinsame Ziele in der Wirtschaft und in der Politik an.
Alle EU-Länder müssen bestimmte Voraussetzungen erfüllen.
2002 wurde in den meisten EU-Ländern der Euro eingeführt.

EA

Aufgabe 4: *Male alle europäischen Staaten, die zur EU gehören, in der Karte unten grün an.*

Lernwerkstatt „Unsere Erde“
Grundschulausgabe – Bestell-Nr. 11 300
www.kohlverlag.de

VI. Europa

Aufgabe 5: *Europa hat viel Inseln und Halbinseln. Trotzdem gibt es einige Binnenstaaten. Das sind Länder, die keinen Zugang zum Meer haben, also nur von Land umgeben sind. Finde sie auf einer Europa-Karte oder im Atlas. Trage die 15 Staaten in die Tabelle ein.*

EA

Aufgabe 6: *Ihr macht eine Schiffsreise auf der Donau. Ihr startet in Ulm und reist bis zum Schwarzen Meer.*

PA

a) *Welche Länder lernt ihr kennen?*

b) *Welche Hauptstädte liegen auf eurem Weg?*

Aufgabe 7: *Es gibt 16 Städte in Europa mit mehr als 1 500 000 Einwohnern. Finde jeweils das Land, in dem sie liegen. Setze den Ländernamen der Reihe nach ins Wortgitter ein. Du erhältst einen Lösungsspruch.*

EA

1 Kiew, 2 Minsk, 3 Budapest, 4 Warschau, 5 Madrid, 6 St. Petersburg, 7 Paris, 8 Barcelona, 9 Istanbul, 10 Berlin, 11 Wien, 12 London, 13 Bukarest, 14 Hamburg, 15 Rom, 16 Moskau

1																
2																
3																
4																
5																
6																
7																
8																
9																
10																
11																
12																
13																
14																
15																
16																

Der Lösungsspruch heißt: ______________________________

Lernwerkstatt „Unsere Erde“ Grundschulausgabe – Bestell-Nr. 11 300
KOHL VERLAG Der Verlag mit dem Baum
www.kohlverlag.de

➲ ASIEN

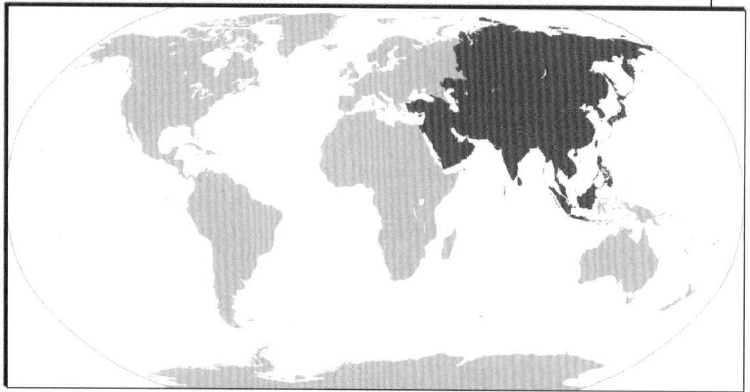

Asien ist der größte Kontinent der Erde. Hier leben rund 4 Milliarden Menschen, das sind mehr als die Hälfte der Weltbevölkerung.
Die bevölkerungsreichsten Staaten sind China, Indien, Indonesien und Japan. Allein in Indien leben über eine Milliarde Menschen, in China sogar 1,3 Milliarden. Die wichtigsten Sprachen sind Chinesisch, Indisch, Japanisch, Russisch und Arabisch.
Asien gliedert sich in knapp 50 Staaten. Hier ist die Lage einiger Länder beschrieben: Der westliche Teil Asiens grenzt an Europa und Afrika und wird als Naher oder Mittlerer Osten bezeichnet. Im Nordosten des Kontinents liegt Russland, das größte Land der Erde. Im Osten liegen China und Japan. Im Süden des Kontinents liegt Indien, im Südosten Thailand und Indonesien. Im Südwesten finden wir Arabien.

EA

<u>Aufgabe 1</u>: *Wo liegen welche Länder? Lies den Text oben und setze passend in die Kästchen ein:*

Russland, Nahost, Arabien, China, Japan, Indonesien, Indien, Thailand

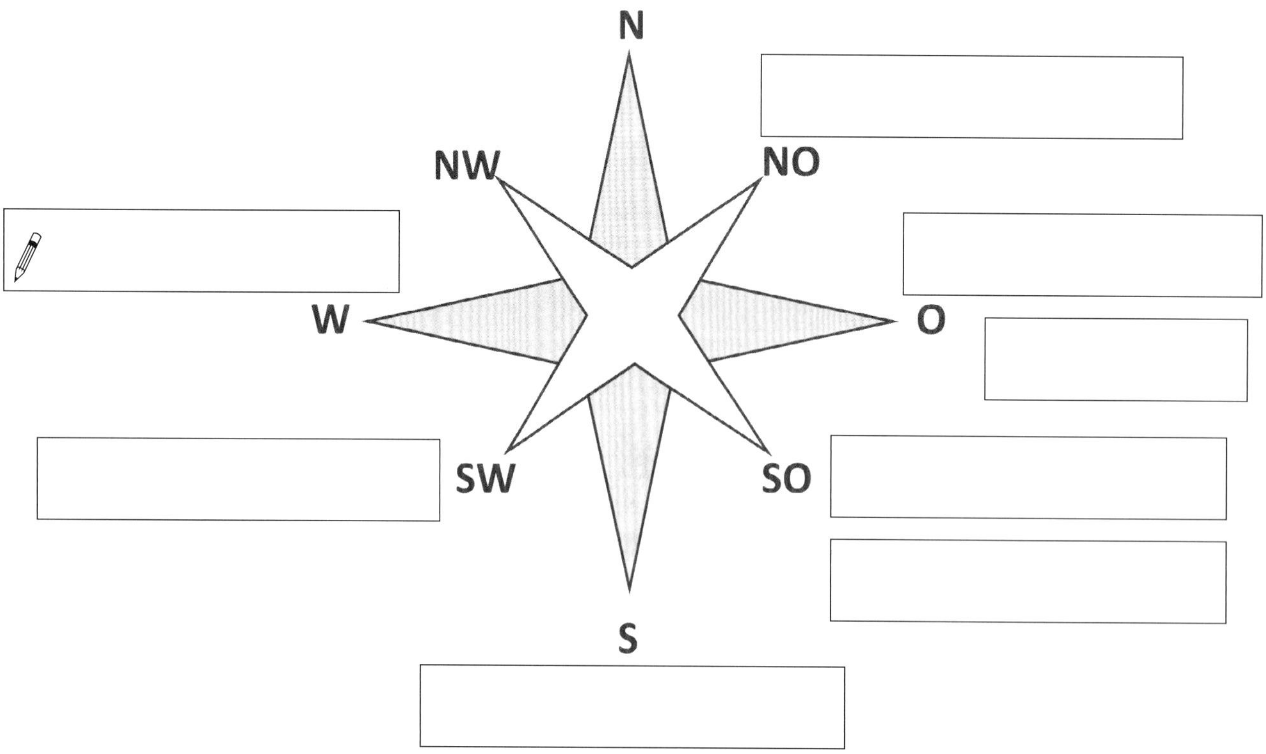

Lernwerkstatt „Unsere Erde"
Grundschulausgabe – Bestell-Nr. 11 300
KOHL VERLAG Der Verlag mit dem Baum
www.kohlverlag.de

VII. Asien

Asien hat fast 50 Länder – Übersicht und Hauptstädte

Vorderasien

Afghanistan	Kabul
Armenien	Eriwan
Aserbaidschan	Baku
Bahrein	Manama
Georgien	Tiflis
Irak	Bagdad
Iran	Teheran
Israel	Jerusalem
Jemen	Sanaa
Jordanien	Amman
Katar	Doha
Kuwait	Kuwait
Libanon	Beirut
Oman	Maskat
Saudi-Arabien	Riad
Syrien	Damaskus
Vereinigte Arabische Emirate	Abu Dhabi

Südost-Asien

Brunei	Bandar Seri Begawan
Indonesien	Jakarta
Kambodscha	Phnom Penh
Laos	Vientiane
Malaysia	Kuala Lumpur
Myanmar	Pyinmana Osttimor Dili
Philippinen	Manila
Singapur	Singapur
Thailand	Bangkok
Vietnam	Hainoi

Südasien

Bangladesch	Dhaka
Bhutan	Thimphu
Indien	Neu-Delhi
Malediven	Male
Nepal	Katmandu
Pakistan	Islamabad
Sri Lanka	Colombo

Zentralasien

Kasachstan	Astana
Kirgistan	Bischkek
Mongolei	Ulan Bator
Russland	Moskau
Tadschikistan	Duschanbe
Turkmenistan	Aschgabad
Usbekistan	Taschkent

Ostasien

China (VR China)	Peking
Japan	Tokio
Nordkorea	Pjöngjang
Südkorea	Seoul
Taiwan (R. China)	Taipeh

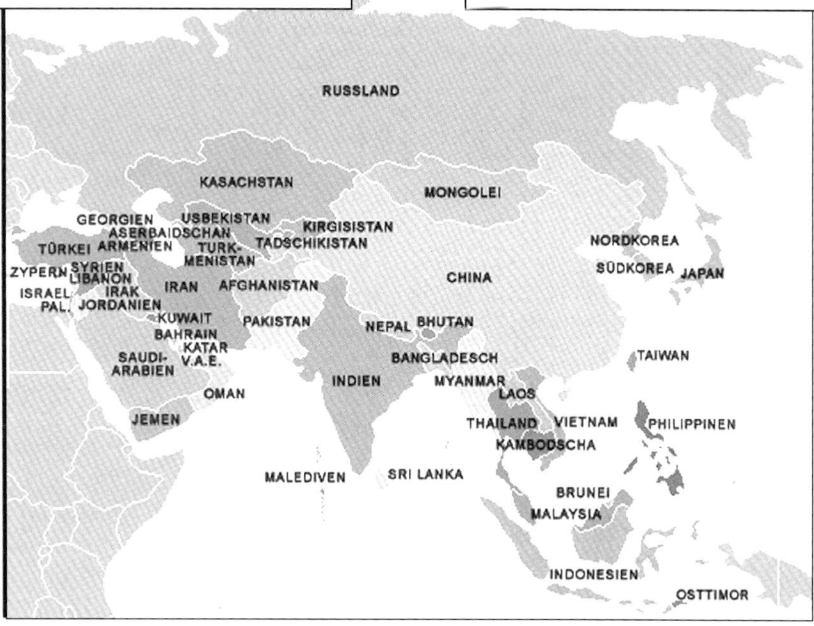

KOHL VERLAG Der Verlag mit dem Baum
www.kohlverlag.de
Lernwerkstatt „Unsere Erde“
Grundschulausgabe – Bestell-Nr. 11 300

VII. Asien

Asien – der größte Kontinent der Erde

Russland, das größte Land der Erde, liegt zum größten Teil in Asien. Auch die beiden bevölkerungsreichsten Länder (China und Indien) liegen in Asien.
Es gibt heiße, trockene Wüsten, die eisige Tundra, den weiten Wald der Taiga und tropische Regenwälder. Es gibt eine Vielzahl an Pflanzen- und auch Tierarten. Im Norden kommen Rentier, Schneehase und Eisbär vor. Der Süden ist tropisch, hier leben Affen, Nashörner, Elefanten, Tiger und Schlangen. Der Tiger lebt in Sibirien, aber auch in Bengalen (Indien). Der Baikalsee in Russland ist der tiefste See der Erde. Hier lebt die Baikal-Ringelrobbe, der einzige Seehund des Süßwassers.
Nach Afrika gibt es in Asien die meisten Entwicklungsländer. Dazu gehören u. a. Vietnam, Kambodscha, Bangladesch, Pakistan, Afghanistan und (noch) die Volksrepublik China. Zu den reicheren Ländern gehören die Erdöl fördernden Staaten wie Iran, Irak, Kuwait, Saudi-Arabien und die Vereinigten Arabischen Emirate (und vielleicht bald die erdölreichen Gebiete in und um Russland).
Als Industrienationen gelten Japan, Singapur, die Republik China (Taiwan), Südkorea, Israel und die beiden ehemaligen Kolonien Hongkong und Macao. Diese Länder zählen heute zu den weltweit führenden Ländern in Bereichen der Hochtechnologie (= high technology, das ist die neueste Technik).

EA

Aufgabe 2: *Male die folgenden Staaten in der Karte verschiedenfarbig an und schreibe die Ziffern dazu: 1 Russland, 2 Volksrepublik China, 3 Indien, 4 Japan, 5 Saudi-Arabien, 6 Indonesien, 7 Türkei*

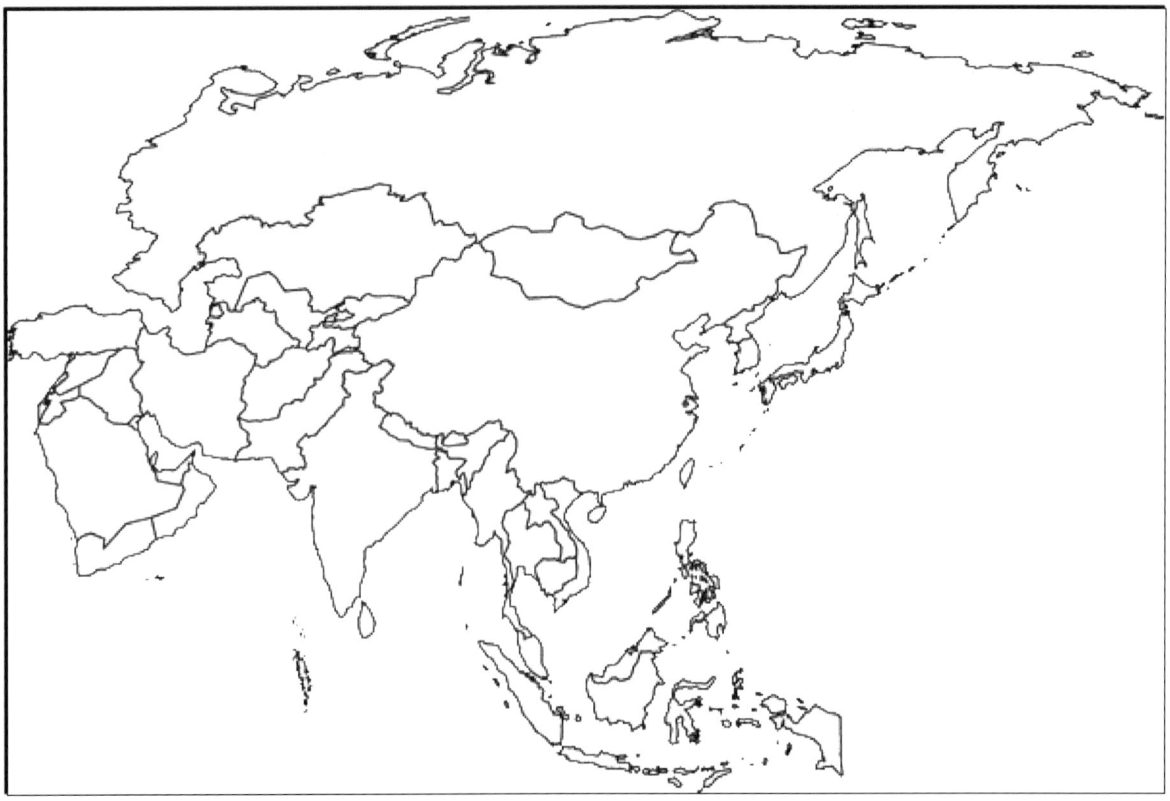

KOHL VERLAG Der Verlag mit dem Baum www.kohlverlag.de
Lernwerkstatt „Unsere Erde“ Grundschulausgabe – Bestell-Nr. 11 300

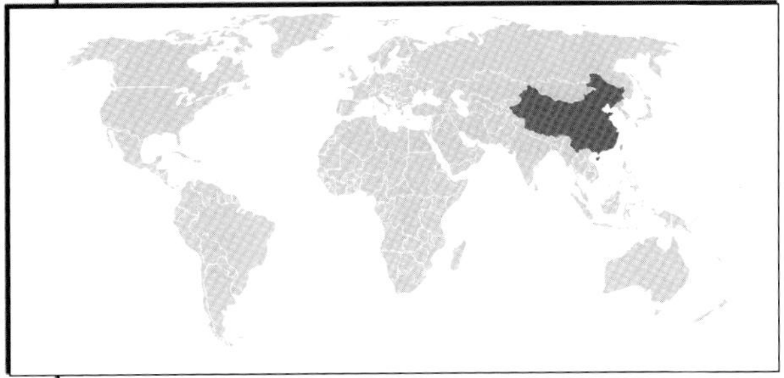

China – das Land mit den meisten Einwohnern der Erde

1,3 Milliarden Menschen leben in China. Die Volksrepublik China grenzt an 14 Staaten und hat mit Russland die meisten Nachbarländer der Welt. Die Hauptstadt ist Peking (Beijing). Man spricht chinesisch.

Shanghai ist mit fast 14 Millionen Einwohnern die bevölkerungsreichste Stadt Chinas. Sie liegt am Jangtsekiang, zeigt mit ihrer Skyline das moderne China und den wachsenden Reichtum. Trotzdem gibt es in allen Riesenstädten auch noch Slums, die Elendsviertel, wo die armen Menschen wohnen.
Die drei wichtigsten und längsten Flüsse sind der Jangtsekiang, der Gelbe Fluss (Hwangho) und der Xi Jiang. Das Klima ist vielfältig: Im Westen, Norden und Nordosten herrscht ausgeprägtes Kontinentalklima mit sehr kalten Wintern und heißen Sommern. Im Süden ist das Klima hingegen subtropisch bis tropisch. Tibet hat Hochgebirgsklima.

Die chinesische Mauer ist das bekannteste Wahrzeichen Chinas. Sie entstand als Grenzbefestigung des chinesischen Kaiserreiches, um sich vor räuberischen nomadischen Reitervölkern zu schützen. Mit dem Bau wurde im 7. Jahrhundert v. Chr. begonnen. Sie ist nach neuesten Forschungen 21 196 km und 18 m lang. Heute wird die Mauer von vielen Touristen besucht. Sie gilt als das größte Bauwerk der Welt.
China ist ein autoritärer Staat: Menschenrechte bestehen auf dem Papier, Pressefreiheit und Meinungsfreiheit sind eingeschränkt, das Internet wird stark zensiert und überwacht.

EA

Aufgabe 3: **a)** *Finde die 14 Nachbarländer Chinas.*

____

____

____

b) *Welches sind die wichtigsten Flüsse Chinas?*

____

____

Lernwerkstatt „Unsere Erde“ Grundschulausgabe – Bestell-Nr. 11 300
KOHL VERLAG Der Verlag mit dem Baum www.kohlverlag.de

Die meisten Kinder besuchen ab drei Jahren einen Kindergarten.
Hier gibt es auch Vorschulunterricht.
Mit sechs Jahren kommen die Kinder in die Schule. Sie müssen neun Jahre zur Schule gehen.
Die 1. bis 6. Klasse ist die für alle Schüler einheitliche Grundschule.

Jeden Montag gibt es an chinesischen Schulen eine Art Zeremonie. Hierbei versammeln sich alle Schüler auf dem Schulhof und singen die chinesische Nationalhymne, während die Flagge gehisst wird. An vielen Schulen werden Uniformen getragen.
Schule ist von Montag bis Freitag, sie beginnt in der Regel um 7:30 Uhr. Der Unterricht beginnt mit 10 Minuten Gymnastik. An der Mittelschule/Unterstufe dauert der Schultag 9 Stunden und ist damit länger als ein Arbeitstag.
Während die „normalen" Schüler dann Schulschluss haben, bleiben oftmals die „begabteren" Schüler für den Förderunterricht bis ca. 18 Uhr, manchmal auch bis 21 Uhr, in der Schule. Anschließend gibt es immer noch genug Hausaufgaben zu erledigen.

EA

Aufgabe 4: *Beschreibe einen Schultag in China. Vergleiche mit deinen Schultagen.*

KOHL VERLAG Der Verlag mit dem Baum www.kohlverlag.de
Lernwerkstatt „Unsere Erde" Grundschulausgabe – Bestell-Nr. 11 300

Japan mit der Hauptstadt Tokio – der größte Ballungsraum der Welt

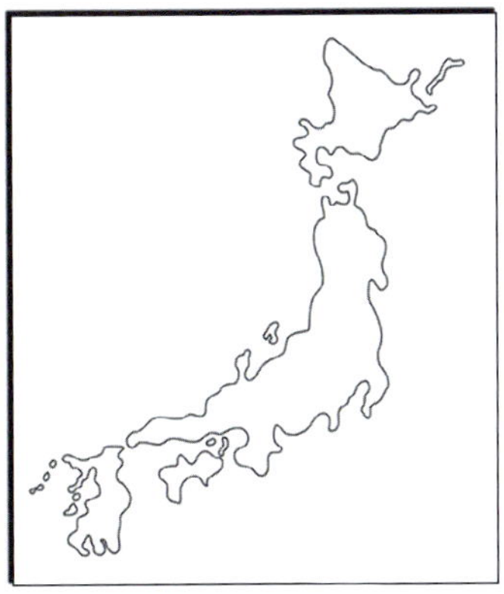

Erst 1868 wurde das damalige „Edo“ zur Hauptstadt Japans und erhielt den Namen Tokio. Firmen, Banken und Regierung haben ihren Sitz im Zentrum der Stadt.
Tokio hat fast 9 Millionen Einwohner.
In der Metropolregion Tokio leben mehr als 37 Millionen Menschen, etwa ein Viertel der japanischen Bevölkerung. Der Ballungsraum ist der größte der Welt.
Entlang der Küste Tokios werden laufend Neulandinseln aufgeschüttet und bebaut. Hier befinden sich auch die Hafenanlagen und Industriegebiete.
Die meisten Einwohner nutzen den öffentlichen Nahverkehr. Die S- und U-Bahnen müssen täglich 15 Millionen Pendler transportieren. Dabei leben die Menschen in einer ständigen Gefahr: Jederzeit kann sich hier ein schweres Erdbeben ereignen.
Als Nuklearkatastrophe von Fukushima wird eine Reihe furchtbarer Unfälle und Störfälle im japanischen Kernkraftwerk bezeichnet.
Das Unglück begann am 11. März 2011 mit einem Erdbeben. In drei Blöcken des Kraftwerkes kam es zu Kernschmelzen. Große Mengen an radioaktivem Material wurden freigesetzt und vergifteten Luft, Böden, Wasser und Nahrungsmittel. Ungefähr 100.000 bis 150.000 Einwohner mussten das Gebiet verlassen. Hunderttausende Tiere in landwirtschaftlichen Betrieben starben.
Zu Japan gehört auch der bekannte Fujiyama, der heilige Berg.

EA

Aufgabe 5:

a) *Erkläre den Unterschied zwischen einer Stadt und einer Metropolregion. Beschrifte die Zeichnungen rechts.*

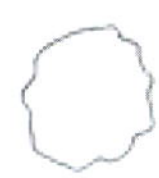	

b) *Wie nennt man eine Metropolregion auch?*

____

____

c) *Zeichne Tokio oben in die Karte ein.*

d) *Bei Touristen besonders beliebt ist der Fujiyama zur Zeit der Kirschblüte. Gestalte mit Deckfarben ein Bild auf deinem Zeichenblock.*

Lernwerkstatt „Unsere Erde“
Grundschulausgabe – Bestell-Nr. 11 300
KOHL VERLAG
www.kohlverlag.de

VII. Asien

Indien

Der Himalaya bildet die natürliche Nordgrenze Indiens, im Süden umschließt der Indische Ozean das Staatsgebiet. Das Land ist ein Vielvölker-Staat und mit über 1,2 Milliarden Einwohnern (2011) das zweitbevölkerungsreichste Land der Erde. Indien gilt als größte Demokratie der Welt. Die Amtssprachen sind Hindi und Englisch. Die Hauptstadt ist Neu Delhi. Mit etwa 11 Millionen Einwohnern ist das die zweitgrößte Stadt in Indien.

Indiens größte Stadt und wirtschaftliches Zentrum ist jedoch Mumbai (Bombay). Die Stadt an der Westküste zählt fast 13 Millionen Einwohner, im Ballungsraum rund 20 Millionen. An dritter Stelle folgt Bangalore (Bengaluru). In der 5-Millionen-Stadt sind zahlreiche Hochtechnologiefirmen angesiedelt. Kalkutta, die wichtigste Metropole des Ostens, liegt mit 4,6 Millionen Menschen an vierter Stelle. Sie gilt als intellektuelles Zentrum. Madras (Chennai), die mit 4,3 Millionen Einwohnern fünftgrößte Stadt Indiens, ist als kultureller Mittelpunkt Südindiens und insbesondere der Tamilen bekannt.

Indiens längster und bedeutendster Fluss ist der Ganges, der im Himalaya entspringt. Der Brahmaputra, der das Land im Nordosten durchfließt, vereinigt sich mit dem Ganges und bildet vor der Mündung in den Golf von Bengalen ein gewaltiges Delta. Im äußersten Norden durchquert der Indus das Land. Von ihm hat das Land seinen Namen.

EA

Aufgabe 6:

a) *Erzähle, woher das Land seinen Namen hat.*

____

b) *Zeichne die fünf größten Städte in die Karte oben ein.*

PA

c) *Forscht nach: Was hat es mit den heiligen Kühen auf sich?*

d) *Was stellt das Bild oben dar? Es ist ein weltbekanntes Bauwerk. Wie heißt es?*

____

e) *Die meisten Inder gehören dem Hindu-Glauben an. Warum wollen sie im „Heiligen Fluss", dem Ganges, baden?*

VII. Asien

Der Stadtstaat Singapur

Der Name „Singapur“ setzt sich zusammen aus Singha (Löwe) und Pura (Stadt), bedeutet also Löwenstadt. Mit einer recht großen und über 50 weiteren kleineren Inseln bildet Singapur das kleinste Land Südostasiens. Singapur ist aber sehr dicht besiedelt. Auf jedem km² leben über 7000 Menschen. (Vergleiche mit Deutschland: 229 EW/km²!). Das Nahverkehrssystem und die Infrastruktur zählen zu den besten der Welt. Da Singapur englische Kolonie war, herrscht hier immer noch Linksverkehr.

Singapur gehört zu den stärksten Wirtschaftsstaaten in Südostasien und hat es in wenigen Jahrzehnten geschafft, von einem Schwellenland zum Industriestaat zu werden. Wichtig war dafür der Hafen, der zu den größten und modernsten der Welt gehört. Das Land ist auch ein wichtiger Standort für die High-Tech-Industrie, Forschung, Entwicklung, Bankwesen und Dienstleistung. Trotzdem gibt es auch hier Slums und Elendsquartiere.
Das Klima ist tropisch-feucht. Die Temperatur beträgt fast das ganze Jahr etwas über 28 Grad Celsius.
Singapur ist eine sehr saubere Stadt. Müll oder eine Zigarettenkippe auf der Straße wegwerfen wird hoch bestraft. Der Verkauf von Kaugummi war von 1992 bis 2004 sogar verboten.

Der Himalaya

Der Name „Hima’al-aya“ heißt: „Heimat des Schnees“. Von Ost nach West erstreckt sich das Hochgebirge in einem leichten Halbkreis über 2500 Kilometer. Das Gebirge liegt entlang der indisch-chinesischen Grenze. Das sogenannte „Dach der Welt“ besteht neben hohen Gipfeln auch aus fruchtbaren Hochplateaus.

Mehr als 50 Millionen Menschen leben hier, viele von der Landwirtschaft, aber auch der Tourismus ist zu einer lohnenden Einnahmequelle geworden. Im Himalaya befinden sich alle vierzehn Berge der Erde, deren Gipfel mehr als 8000 Meter hoch sind. Darunter ist der Mount Everest, der mit 8850 Metern Höhe über dem Meeresspiegel höchste Berg der Erde.
Edmund Hillary und Tenzing Norgay gelang am 29. Mai 1953 die Erstbesteigung.
Am 8. Mai 1978 bestiegen Reinhold Messner und Peter Habeler den Gipfel erstmals ohne zusätzlichen Sauerstoff.

Lernwerkstatt „Unsere Erde“
Grundschulausgabe – Bestell-Nr. 11 300
KOHL VERLAG
www.kohlverlag.de

VII. Asien

Geld regiert die Welt
Bekannte Firmen – sei es Bekleidung, Schuhe, Spielzeug oder Autos – lassen in „Billigländern" ihre Produkte herstellen. Trotzdem müssen wir dafür viel Geld bezahlen. Die Menschen in China, India, Korea, Bangladesch ... können von ihrem geringen Lohn kaum leben, obwohl sie teilweise 60–80 Stunden jede Woche arbeiten.

GA **Aufgabe 7:** *Diskutiert darüber, wie man den armen Menschen helfen könnte.*

EA **Aufgabe 8:** *Asien erreicht eine ganze Reihe Weltrekorde. Verbinde richtig.*

1 Land mit der größten Fläche:	**a** Baikalsee, Russland
2 Land mit der höchsten Einwohnerzahl:	**b** Mount Everest, Volksrepublik China und Nepal: 8.850 m
3 Größter See:	**c** Burj Khalifa (830 m) in Dubai, Vereinigte Arabische Emirate
4 Metropolregion mit der höchsten Einwohnerzahl:	**d** Kaspisches Meer, Westasien
5 Der höchste Wolkenkratzer der Welt	**e** Oimjakon (Sibirien): -78 C
6 Höchster Berg:	**f** Cherrapunji (Indien): 10.777mm
7 Höchste Regenmenge pro Jahr (Jahresniederschlag):	**g** Volksrepublik China: 1,3 Milliarden Einwohner
8 Tiefster See:	**h** Tokio, Japan: über 37 Mio Einwohner
9 Kälterekord der bewohnten Kontinente:	**i** Russland: 17,1 Mio km² (davon 13.1 Mio km² in Asien)

Lernwerkstatt „Unsere Erde"
Grundschulausgabe – Bestell-Nr. 11 300
KOHL VERLAG Der Verlag mit dem Baum
www.kohlverlag.de

VII. Asien

EA

<u>Aufgabe 9</u>: *Kreuzgitter Asien*

Himmelstempel in Peking

1. Das größte Land der Erde ist …
2. Der tiefste See der Erde ist ...
3. Hier lebt eine seltene Süßwasser-Robbe.
4. Der längste Fluss Asiens ist der ...
5. Der längste Fluss fließt durch ...
6. Das größte Ballungsgebiet liegt in ...
7. Der höchste Berg der Welt ist der ...
8. Der höchste Berg liegt im ...
9. Nur im Norden gibt es die Tundra und die ...
10. Die Hauptstadt von Indonesien heißt ...
11. Der größte See ist das ...
12. Der kleinste Staat Asiens ist der Stadtstaat ...
13. Die kältesten Temperaturen misst man in ...
14. Die Hauptstadt Chinas heißt ...
15. Im Südwesten Asiens liegt die große Halbinsel ...
16. Im Südosten liegen Japan und ...
17. In Asien gibt es viele Reptilien, die ...
18. Die Hauptstadt des größten Landes der Erde ist ...
19. Asien ist der größte …

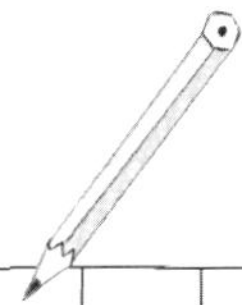

					9										8				
		10																	
	6									15									
11																		3	
										18									
2																			19
					13				1										
5										17									
				7															
				4															
		14																	
	16																		
		12																	

Lernwerkstatt „Unsere Erde“ Grundschulausgabe – Bestell-Nr. 11 300
KOHL VERLAG Der Verlag mit dem Baum
www.kohlverlag.de

VIII. Afrika

➲ AFRIKA

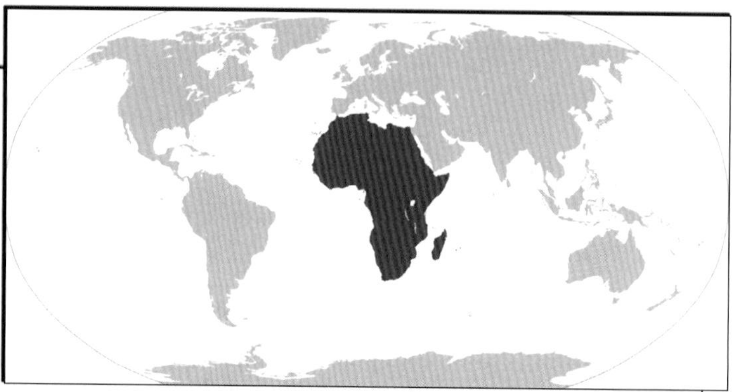

Afrika ist der zweitgrößte Kontinent der Welt und etwa 100-mal so groß wie Deutschland.
In Nordafrika liegt die größte Wüste der Welt, die Sahara. Dort ist es sehr trocken und heiß. Die Mitte und der Süden Afrikas werden auch als „Schwarz-Afrika" bezeichnet. Dort gibt es zwei weitere Wüsten: die Kalahari und die Namib.
In der Nähe des Äquators, der quer durch die Mitte Afrikas verläuft, wachsen üppige Regenwälder. Die Hochebenen Afrikas sind von Grassteppen (Savannen) bedeckt. Hier leben u. a. Zebras, Giraffen, Impalas, Löwen, Hyänen, Elefanten, Paviane, Nashörner und Krokodile.
Afrika hat viele Bodenschätze: Gold, Diamanten, Kohle, Uran, Erze, Erdöl und Erdgas. Doch die Bevölkerung hat wenig davon. In Afrika gibt es noch viele Entwicklungsländer, wo die meisten Bewohner sehr arm sind. Dazu wächst Afrikas Bevölkerung: 1,2 Milliarden Menschen leben auf dem Kontinent und es werden ganz schnell immer mehr. Die Folgen sind schlimm: Hunger, Armut und Umweltzerstörung.
Es kriselt an vielen Ecken in Afrika: Die Piraten und der Bürgerkrieg in Somalia, Nordafrika ist im politischen Umbruch (Arabischer Frühling), vom Kongo und der Elfenbeinküste gibt es schreckliche Meldungen über Verbrechen und Krieg.
Die größte Stadt Afrikas ist Kairo (Ägypten), danach folgt Lagos (Nigeria). Die drittgrößte Stadt ist Kinshasa (Demokratische Republik Kongo).
Der höchste Berg ist der Kilimandscharo (5 895 m hoch) in Tansania, der größte See ist der Victoriasee in Ostafrika. Der längste Fluss Afrikas (und der ganzen Welt) ist der Nil mit 6 671 km. Weitere große Flüsse sind der Kongo und der Niger. Die größte Insel ist Madagaskar.

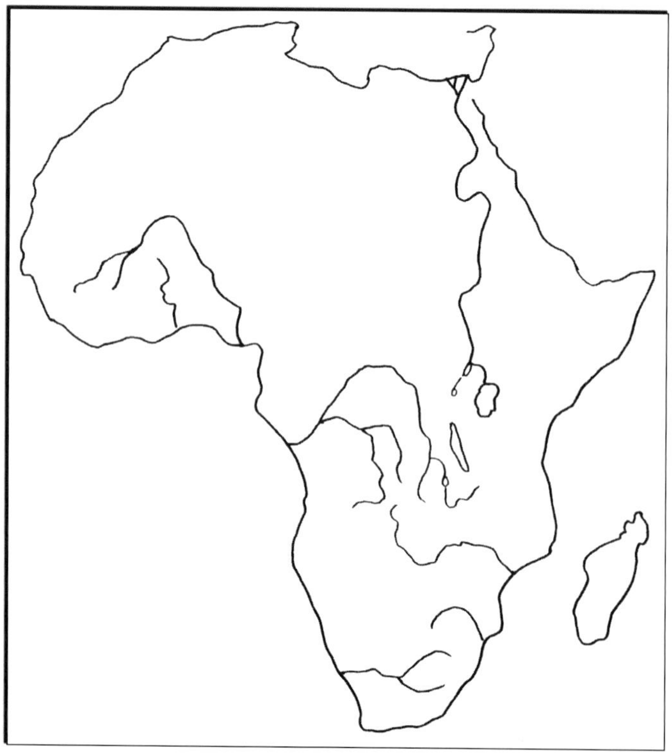

EA

Aufgabe 1: *Zeichne in die Karte ein:*

Die drei größten Städte:

____

Die drei Wüsten:

____

Die drei größten Flüsse:

____

Den höchsten Berg:

____

Die größte Insel:

____

Den größten See:

____

VIII. Afrika

EA

Aufgabe 2: ***Die Staaten Afrikas*** *– nimm einen Atlas oder eine Karte und male die Staaten in den passenden Farben an.*

Nordafrika – gelb
- Ägypten
- Algerien
- Tunesien
- Libyen
- Marokko
- Mauretanien
- West-Sahara (nicht selbstständig)

Ostafrika – grün
- Äthiopien
- Dschibuti
- Eritrea
- Kenia
- Komoren
- Seychellen
- Somalia
- Sudan
- Tansania
- Uganda

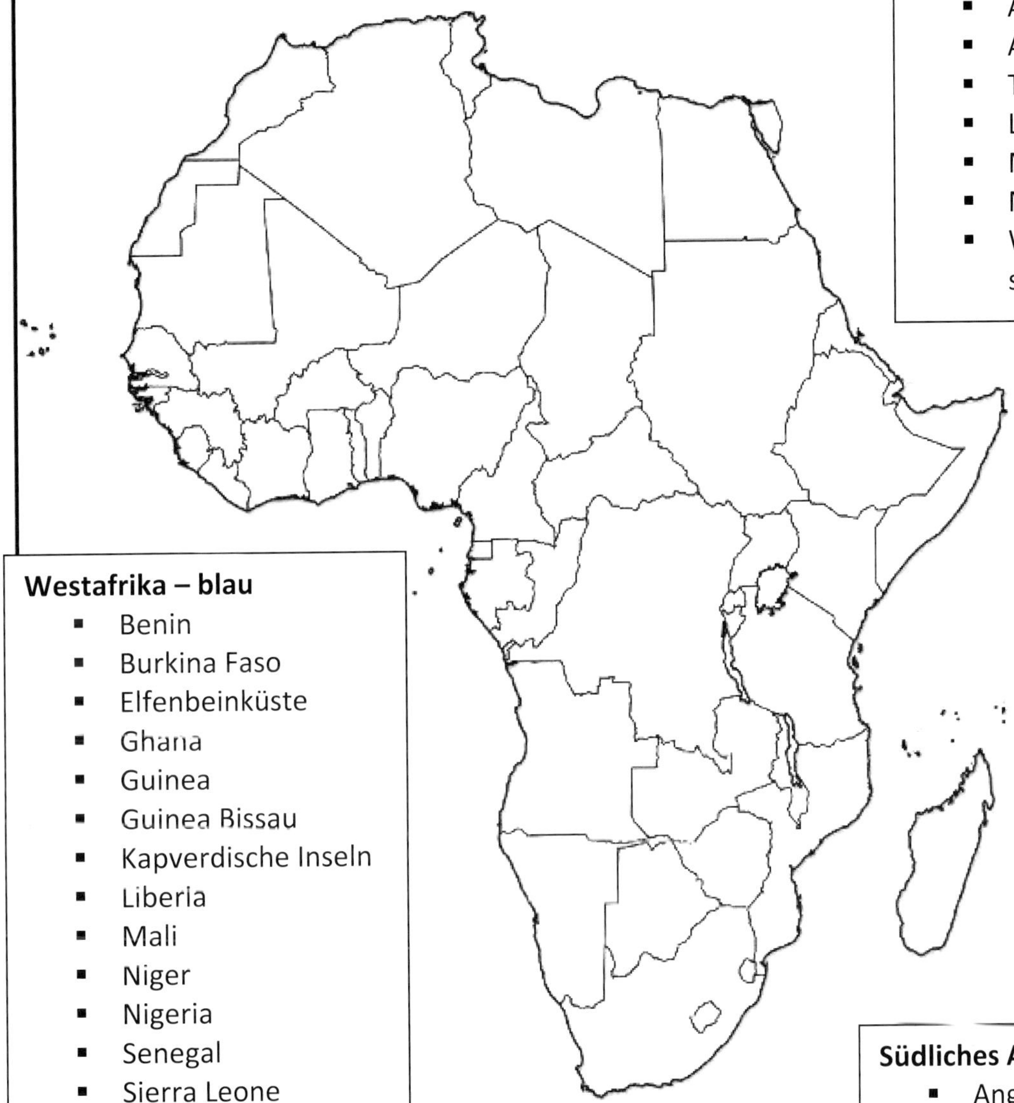

Westafrika – blau
- Benin
- Burkina Faso
- Elfenbeinküste
- Ghana
- Guinea
- Guinea Bissau
- Kapverdische Inseln
- Liberia
- Mali
- Niger
- Nigeria
- Senegal
- Sierra Leone
- Togo

Zentralafrika – braun
- Äquatorial-Guinea
- Burundi
- Demokratische Republik Kongo
- Gabun
- Kamerun
- Republik Kongo
- Ruanda
- Sao Tome und Principe
- Tschad
- Zentralafrikanische Republik

Südliches Afrika – rot
- Angola
- Mosambik
- Botswana
- Namibia
- Lesotho
- Sambia
- Madagaskar
- Simbabwe
- Malawi
- Südafrika
- Mauritius
- Swasiland

Lernwerkstatt „Unsere Erde" Grundschulausgabe – Bestell-Nr. 11 300
KOHL VERLAG Der Verlag mit dem Baum www.kohlverlag.de

VIII. Afrika

Der Klimandscharo

Der Kilimandscharo liegt im Nordosten von Tansania an der Grenze zu Kenia. Er hat drei erloschene Vulkangipfel. Der Kibo oder Uhuru Peak ist der Hauptkrater. Er hat eine Höhe von 5895 Meter. Seine Gipfel sind vergletschert. Der Kibo ist ein ruhender Vulkan. Aus seinem Krater kommen noch immer heiße Schwefeldämpfe.
Um das Jahr 1850 entdeckte der Forscher Rebmann den Kilimandscharo mit seinem schneebedeckten Gipfel mitten in Afrika. Doch die Leute glaubten ihm damals nicht. Die Erstbesteigung des Kilimandscharo gelang im Jahre 1889.
Auf Suaheli bedeutet Kilimandscharo „Berg des bösen Geistes“. Bei den Bewohnern um den Berg heißt er auch „Berg des Quellwassers“. Die Besteigung des Kilimandscharos ist nicht schwierig. Jedes Jahr reisen fast 20 000 Touristen an und versuchen einen Aufstieg. Doch nur etwa die Hälfte aller Bergsteiger erreicht auch wirklich den höchsten Punkt. Viele der Besucher geben vorher auf, weil sie die „Höhenkrankheit“ erwischt. Für den Aufstieg wird eine Gebühr verlangt. Auch ist vorgeschrieben, einen einheimischen Führer sowie einheimische Träger mitzunehmen.

Die Sahara – dir größte Trockenwüste der Welt

Die Sahara dehnt sich auf dem Gebiet von elf Ländern über den Norden Afrikas aus. Die Wüste erstreckt sich von der afrikanischen Atlantikküste im Westen bis hin zur Küste des Roten Meeres im Osten – sie ist 26-mal so groß wie Deutschland.
„Sahara“ bedeutet „Wüste“ oder „Sand“. Dabei sind nur zehn Prozent der Sahara Sandwüste – der Rest besteht vor allem aus Stein- und Felswüste.
Die Landschaft in der Sahara ist karg, denn es regnet nur sehr selten. Tagsüber kann es bis zu 58 Grad heiß werden. In der Nacht fallen die Temperaturen um bis zu 30 Grad. Trotzdem leben knapp drei Millionen Menschen in der Sahara. Dort treffen die hellhäutige Bevölkerung Nordafrikas (Araber und Berber) und die dunkelhäutige des Südens aufeinander. Zu den größten Saharavölkern gehören die Tuareg. 60 % der Saharabewohner sind sesshafte Oasenbauern, 40 % Nomaden und Halbnomaden.
In den Oasen werden Dattelpalmen, Hirse, Gerste, Weizen, Gemüse, Bananen und Granatäpfel angebaut. Die Nomaden halten überwiegend Kamele, Schafe und Ziegen. Sie ziehen mit ihren Tieren durch die Wüste und suchen immer wieder neue Orte, an denen sie zusammen mit ihren Tieren leben können. Neue Siedlungen haben sich in den Erdöl- und Erdgasfördergebieten Algeriens und Libyens gebildet.
Typisch für die Wüste ist der Wüstenfuchs (Fennek) mit seinen großen Ohren. An den Rändern der Sahara leben im Norden wilde Schafe und Ziegen. Im Süden findet man Antilopen, Gazellen, Geparden, Hyänen und Schakale. Das Kamel ist aus Asien eingewandert.

Lernwerkstatt „Unsere Erde“
Grundschulausgabe – Bestell-Nr. 11 300
KOHL VERLAG
www.kohlverlag.de

VIII. Afrika

Industrieländer – Schwellenländer – Entwicklungsländer

Industrieländer
Als Industrieland bezeichnet man ein Land, das im Hinblick auf sein wirtschaftliches, soziales und politisches Niveau hoch entwickelt ist. Industrieländer sind gekennzeichnet durch ein hohes Pro-Kopf-Einkommen. Es existiert dort ein hohes Bildungsniveau der Bevölkerung. Sie haben z. B. Auto-, Computer- und Chemie-Industrie, der Dienstleistungsbereich (z. B. Banken, Krankenhäuser) ist gut besetzt.

Schwellenländer
Mit dem Schwellenland ist ein Land gemeint, das zwischen den ganz armen Ländern der „Dritten Welt“ und den reicheren Industrieländern steht. Es gibt unterschiedliche Listen von Schwellenländern, z. B. von der Weltbank oder der EU.
Diese Länder bemühen sich, im Industrie- und Dienstleistungsbereich führend zu werden. Doch meist überwiegt noch die Landwirtschaft und vielleicht der Tourismus.

BRICS-Staaten
Brasilien, Russland, Indien, China und Südafrika sind Schwellenländer, die sich zusammengeschlossen haben, um ihre Lage zu verbessern. Sie liegen schon an der Grenze vom Schwellenland zum Industrieland.

Entwicklungsländer
Als „Entwicklungsland“ werden die armen Staaten der Erde bezeichnet. In Afrika und in Asien gibt es die meisten Entwicklungsländer.
Familien hungern, Eltern sind arbeitslos, die Kinder können nicht zur Schule gehen. Viele Kinder müssen selbst schwer arbeiten, weil ihre Eltern nicht genug verdienen. Viele Menschen werden krank, weil sie keine richtigen Wohnungen haben oder verschmutztes Wasser trinken müssen. Es gibt zu wenig Ärzte und Krankenhäuser. Die Menschen haben auch kein Geld dafür. Auch der Staat kann nicht helfen, weil er nicht richtig organisiert ist oder falsch geführt wird. Oder der Staat ist verschuldet. Er muss seine Schulden oft mit hohen Zinsen zurückzahlen.
Wobei es auch in reichen Ländern (Deutschland) arme Leute gibt sowie Reichtum in den Entwicklungsländern (z. B. in den ölexportierenden Ländern).

EA

Aufgabe 3: *Woran erkennt man Entwicklungsländer? Beschreibe die Begriffe mit deinen Worten. Schreibe in dein Heft/in deinen Ordner.*

- *schlechte Wohnungen*
- *ungenügendes Bildungsangebot*
- *geringe Mechanisierung*
- *Energiemangel*
- *schlechte ärztliche Versorgung*
- *Kinderarbeit*

VIII. Afrika

EA

Aufgabe 4: *Kreuze an:* ***Afrika – richtig oder falsch?***
Die Buchstaben hinter den richtigen Antworten nennen dir ein Tier, das auch in Afrika lebt.

		richtig		falsch	
1	Afrika ist der zweigrößte Kontinent der Welt.		G		R
2	In Afrika leben viele Elche.		B		A
3	Die größte Insel Afrikas ist Madagaskar.		I		U
4	Der Amazonas fließt quer durch Afrika.		T		N
5	Die größte Stadt Afrikas ist Kairo.		R		D
6	Marokko, Tunesien und Libyen gehören zu Nordafrika.		A		U
7	Der höchste Berg in Afrika ist der Fujiyama.		E		K
8	In Afrika gibt es Löwen, Affen und Elefanten.		F		M
9	Der längste Fluss der Erde, der Nil, fließt in Afrika.		F		E
10	In Afrika liegt die Gobi, die größte Wüste der Welt.		L		P
11	In Südafrika fand 2010 die Fußball WM statt.		E		O

Lösungswort: ________________________

GA

Aufgabe 5: ***Eine Reise von Tanger nach Kapstadt:***
Zeichnet eure Reise ein. Durch welche Länder kommt ihr? Notiert die Hauptstadt hinter dem Land.

Nr.	**Land**	**Hauptstadt**
1	Algerien	Algier
2		
3		
4		
5		
6		
7		
8		
9	Südafrika	

Lernwerkstatt „Unsere Erde“ Grundschulausgabe – Bestell-Nr. 11 300
KOHL VERLAG Der Verlag mit dem Baum www.kohlverlag.de

IX. Amerika

➲ NORDAMERIKA

Amerika ist ein Doppelkontinent. Man trennt ihn in die Teile Nord- und Südamerika, die durch einen schmalen Landstreifen miteinander verbunden sind. Diesen Streifen nennt man Mittelamerika.
Der Nord-Kontinent reicht im Norden bis ans Polarmeer und im Süden bis fast an den Äquator.

Zu Nordamerika gehören Kanada, die USA, Mexiko, Mittelamerika, mehrere karibische Inselstaaten und Grönland (das aber politisch zu Dänemark zählt). Nordamerika ist der drittgrößte Kontinent unserer Erde.
Bis in das 15. Jahrhundert lebten in Nordamerika nur Indianer. Dann kamen europäische Eroberer und Auswanderer auf den Kontinent.
Es gibt viele große Städte mit riesigen Wolkenkratzern, aber auch endlose Wälder mit alten Bäumen und Seen, große trockene Wüsten und hohe schneebedeckte Berge. Bisons und Wildrinder sind die größten Landtiere Nordamerikas.
In Nordamerika gibt es alle Klimazonen der Erde, von den Polarregionen bis zu den Wüstengebieten.
Die 48 zusammenhängenden Staaten und Alaska bilden den Großteil der USA. Dazu gehört noch Hawaii, welches weitab vom Kontinent im Pazifischen Ozean liegt.

EA

Aufgabe 1: *Male auf der Karte unten die Gebiete der USA rot, Kanada blau und Mexiko grün an.*

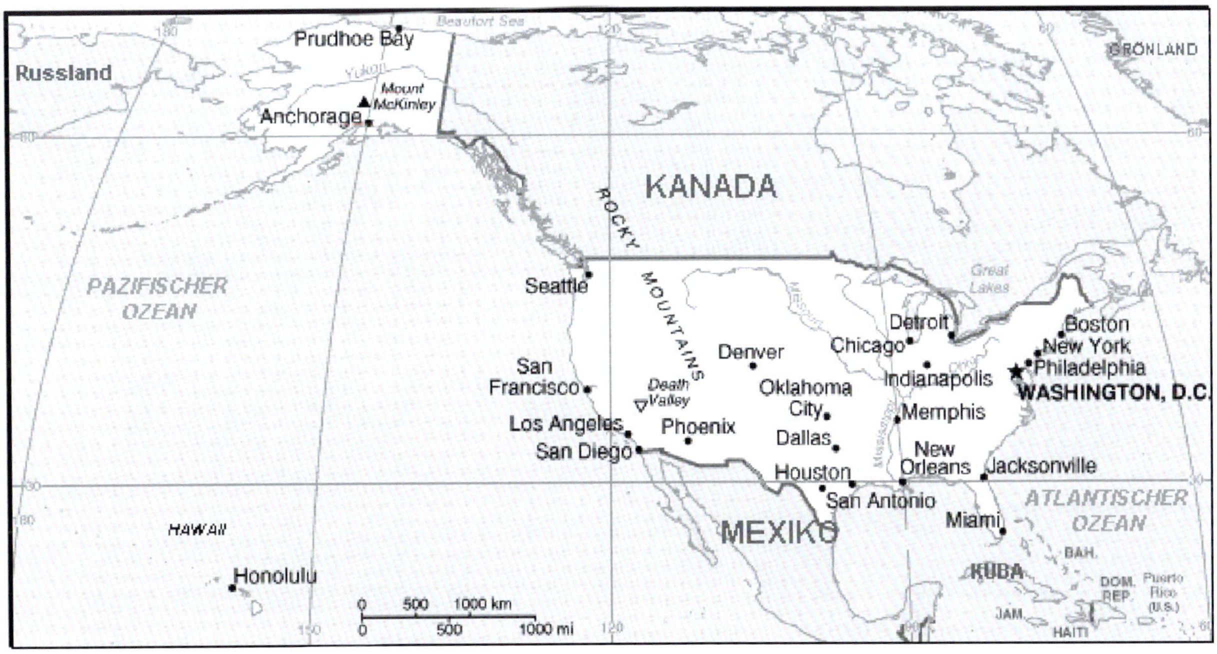

IX. Amerika

New York ist eine Weltstadt an der Ostküste der Vereinigten Staaten. Sie liegt im Bundesstaat New York und ist mit etwa 8,4 Millionen Einwohnern (21,5 Millionen in der Metropolregion) die bevölkerungsreichste Stadt der USA. Um sie vom gleichnamigen Bundesstaat (Abkürzung NY) zu unterscheiden, wird sie auch New York City (kurz NYC) genannt. Das Gebiet New Yorks umfasst die fünf Stadtbezirke Manhattan, The Bronx, Brooklyn, Queens und Staten Island.

EA

Aufgabe 2: *Das bekannteste Wahrzeichen der Stadt findest du, wenn du das Puzzle ausschneidest und richtig zusammensetzt.*

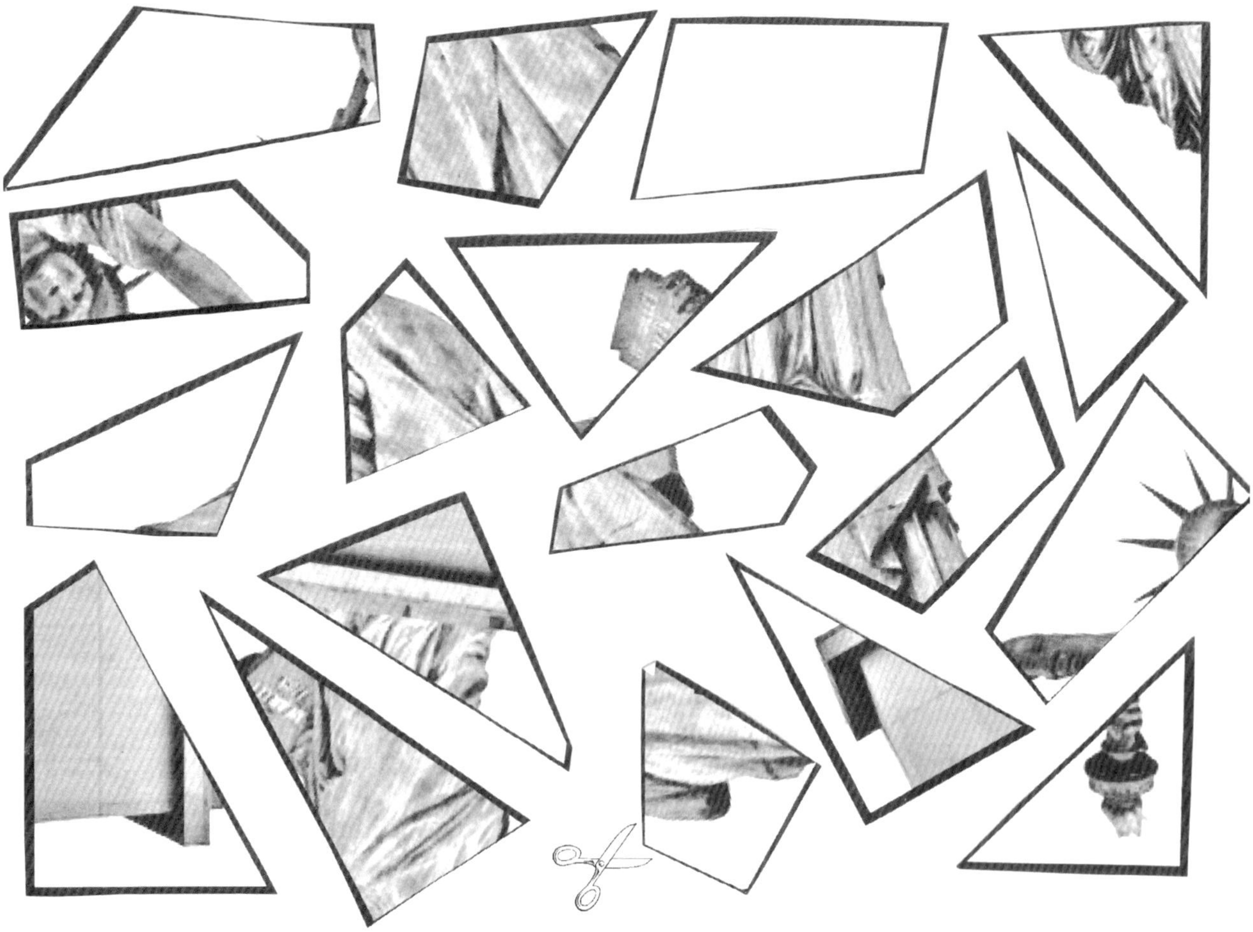

Es ist die ______________________________. Als Zeichen der Freiheit und Unabhängigkeit wurde sie 1886 als Geschenk Frankreichs an die Vereinigten Staaten von Amerika in New York errichtet.

Lernwerkstatt „Unsere Erde“
Grundschulausgabe – Bestell-Nr. 11 300
KOHL VERLAG Der Verlag mit dem Baum
www.kohlverlag.de

IX. Amerika

Aufgabe 3: *New York hat aber noch viel mehr Interessantes zu bieten. Leider fehlen hier die Beschriftungen. Ordne die Namen den richtigen Bildern zu.*

EA

China Town – Central Park – Times Square – Rockefeller Center – Empire State Building – Brooklyn Bridge

Lernwerkstatt „Unsere Erde“ Grundschulausgabe – Bestell-Nr. 11 300
KOHL VERLAG Der Verlag mit dem Baum www.kohlverlag.de

IX. Amerika

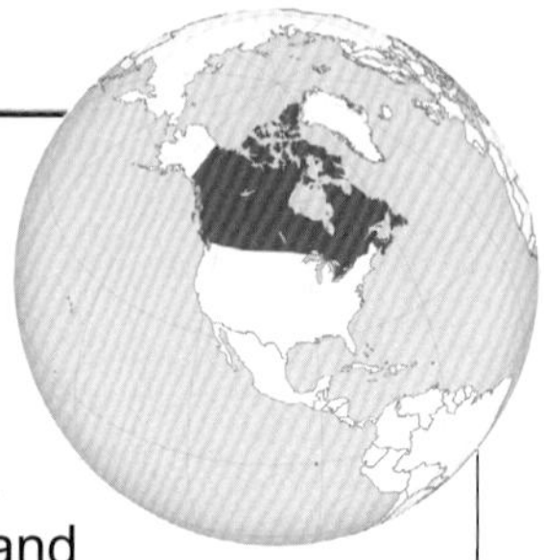

Kanada
Die Hauptstadt ist Ottawa. Weitere große Städte sind Toronto, Vancouver, Montreal und Edmonton. Viele Inseln am Ufer von Nordamerika gehören zu Kanada, z. B. Neufundland und die Baffininsel. Kanada ist fast 10 Mio km² groß, aber sehr dünn besiedelt.
Pro km² leben nur etwa 3 Menschen. In Alaska, Kanada und Grönland leben die Inuit (die wir auch fälschlich Eskimos nennen). In Kanada spricht man Englisch und Französisch.
Der Große Bärensee und der Große Sklavensee liegen in Kanada. Im Polarmeer finden Wale, Walrosse, Seehunde und Eisbären Nahrung.
In den Tundren (Kältesteppen) leben Moschusochsen, Karibus, Polarwölfe, Polarfüchse und Polarhasen. Die Wälder im Norden sind Lebensraum für Karibus und Elche, Luchse, Schwarz- und Braunbären.

Auf der Grenze zwischen Kanada und den USA, im Gebiet der großen Seen liegen die **Niagara-Fälle**. Niagara heißt in der Sprache der Ureinwohner „Donnerndes Wasser". Seit dem 18. Jahrhundert wird die Wasserkraft genutzt. Erst zum Antrieb von Wassermühlen, ab 1853 dann zur Stromerzeugung.

EA

Aufgabe 4: *Kanada hat eine hübsche Flagge: In einem weißen Rechteck ist ein Baumblatt eingefügt. Doch welches ist es? Wähle aus und zeichne das richtige Blatt in die Flagge. Weißt du, wie der Baum heißt? Male auch die Seiten der Flagge richtig an.*

EA

Aufgabe 5: *Welche Bären leben in Kanada? Schneide die richtigen Kärtchen aus. Klebe sie auf ein Blatt. Finde zu jedem Bär ein Bild und klebe es dazu.*

Schwarzbär	**Brillenbär**	**Eisbär**
Große Pandabär	**Braunbär**	**Kragenbär**

IX. Amerika

EA

Aufgabe 6: ***Große Städte in Nordamerika***

Hier findest du 14 große, wichtige Städte, die in Nordamerika liegen. Ordne die Silben. Schreibe die Städte in die Tabelle. Nimm dann einen Atlas und setze die richtige Nummer aus der Karte unten ein.

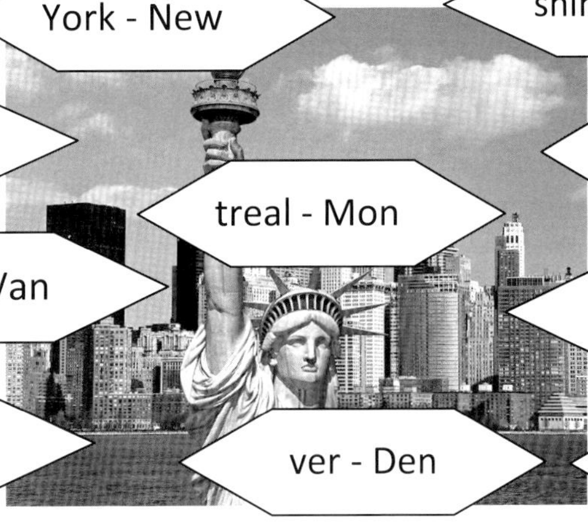

ton - Bos

York - New

shing - ton - Wa

Or - leans - New

ta - wa - Ot

treal - Mon

cou - ver - Van

Ange - Los - les

cisco - San - Fran

ver - Den

Chi - go - ca

roit - Det

Ha - na - van

ami - Mi

Stadt	Nr.

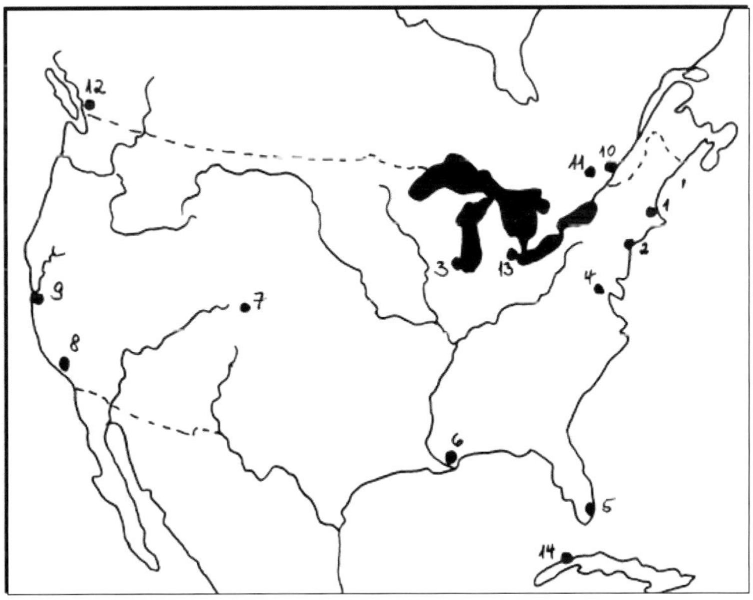

a) *Welche Städte liegen an der Westküste?* ______________________

____

b) *Welche Städte liegen an der Ostküste?* ______________________

____

IX. Amerika

➲ MITTELAMERIKA

Die Besiedlung Mittelamerikas reicht bis etwa 10.000 v. Chr. zurück. Dort lebten die Maya und später die Azteken. Nach der Entdeckung Amerikas folgte die europäische Unterwerfung der ansässigen Völker. Auf dem Festland herrschten die Eroberer, in der Karibik die Piraten.
Heute zählt man einen Teil Mexikos, Belize, Costa Rica, El Salvador, Guatemala, Honduras, Nicaragua, Panama und viele weitere Inselstaaten zu Mittelamerika.

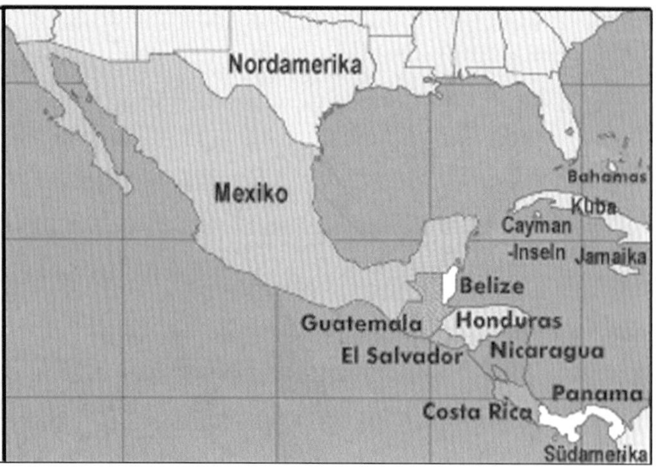

EA

Aufgabe 7: **a)** *Beschrifte in der Karte: 1 = Panamakanal, 2 = Golf von Mexiko, 3 = Pazifik, 4 = Karibik*

b) *Welche Völker lebten früher in Mittelamerika?*

____

c) *Im 17. und 18. Jahrhundert trieben die Piraten ihr Unwesen in der Karibik und im Golf von Mexiko. Sie hatten verschiedene Orte, wo sie ihre Beute versteckten. Male die Inseln oder Orte grün an und schreibe die richtige Nummer dazu.*

1. Kapitän Einauge: **Kuba**	2. Kapitän Holzbein: **New Orleans**	3. Kapitän Kid: **Guadeloupe**	4. Kapitän Jack: **Dominikanische Republik**	5. Kapitän Edward: **Haiti**	6. Kapitän Jonny: **Jamaica**

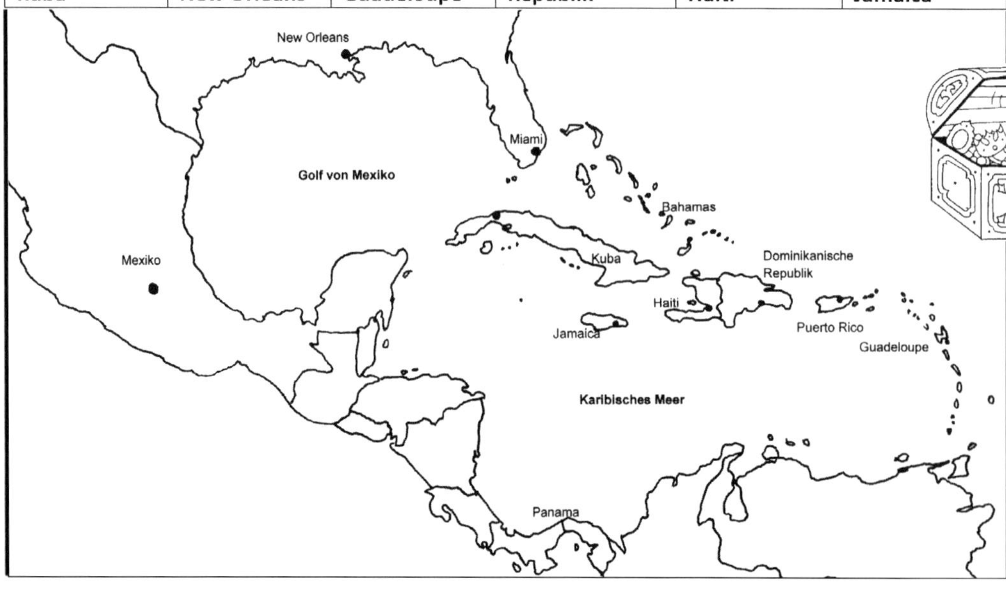

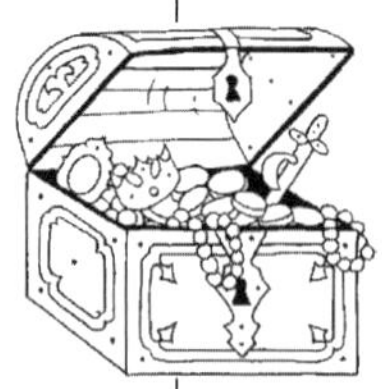

➲ SÜDAMERIKA

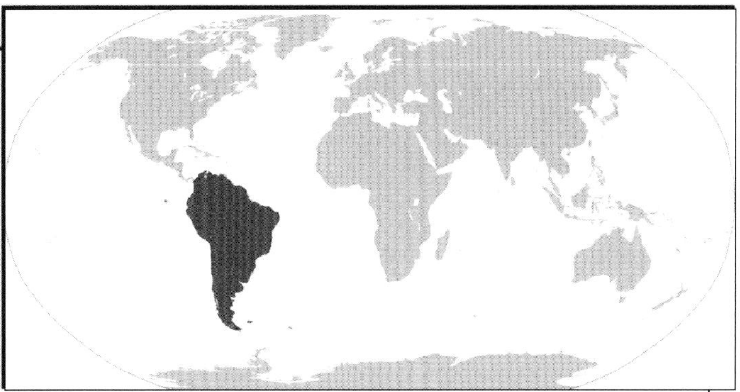

Südamerika ist der viertgrößte Kontinent. Er hat die Form eines großen Dreiecks. Der Erdteil liegt zwischen dem Atlantik und dem Pazifik und erstreckt sich vom Äquator im Norden bis zur Antarktis im Süden. Südamerika besitzt mit den Anden die längste Gebirgskette der Erde. Dort liegen zahlreiche aktive Vulkane.

In Südamerika leben noch immer ziemlich viele Nachfahren der Indianer. Manche dieser Indios leben im größten Urwald der Erde: dem Regenwald, der vom riesigen Fluss Amazonas durchflossen wird. Die Bäume und Pflanzen dieses Regenwaldes produzieren so viel Sauerstoff, dass das Gebiet auch „die grüne Lunge der Erde" genannt wird. Hier lebt die Hälfte aller Tier- und Pflanzenarten, die es auf der Welt gibt.
Südamerika hat zwölf Staaten und drei abhängige Gebiete und Inseln. Das größte Land ist Brasilien. Dort liegt auch die größte Stadt des Kontinents: Sao Paulo.
Der längste Fluss, der Amazonas, fließt ebenfalls durch Brasilien und mündet in den Atlantik. Die Inselgruppe Feuerland liegt an der Südspitze. Sie wird durch die Magellanstraße vom Festland getrennt. Der höchste Berg ist der Aconcagua in den Anden.

EA

Aufgabe 8: ***Rio de Janeiro** ist wohl die bekannteste Stadt Brasiliens. Bestimmt kennt ihr auch die Bilder und Ereignisse und könnt die Fotos passend beschriften. Schreibt zu jedem Foto ein oder zwei Sätze.*

Zuckerhut – Christusstatue – Karneval – Copacabana

_______________ _______________ _______________ _______________

Lernwerkstatt „Unsere Erde"
Grundschulausgabe – Bestell-Nr. 11 300
KOHL VERLAG Der Verlag mit dem Baum
www.kohlverlag.de

IX. Amerika

Der Regenwald
Fast drei Viertel aller bekannten Lebewesen finden sich in den Tropenwäldern. Diese Wälder zählen zu den wertvollsten Lebensräumen der Erde. Hier sind zahlreiche Tiere und Pflanzen zu Hause, die sonst nirgendwo auf der Welt zu finden sind.
Im Regenwald regnet es viel – und das auch noch fast täglich. Hier ist es nicht nur äußerst feucht, sondern auch sehr warm. Das ganze Jahr über herrschen hier Temperaturen zwischen 22 °C und 34 °C. Im Regenwald gibt es keine Jahreszeiten. Anders als bei uns werfen dort die Bäume ihre Blätter nicht ab. Der Regenwald ist also immer grün.

Wie ein Hochhaus hat auch der Regenwald verschiedene Stockwerke: Das **oberste Stockwerk** besteht aus einzelnen, riesigen Bäumen, den „Baumriesen“. Den **zweiten Stock** bildet ein dichtes Kronendach, das nur wenig Licht nach unten dringen lässt. Hier gibt es Lianen und „Aufsitzerpflanzen“, die ohne Kontakt zum Boden wachsen. Außerdem leben hier die meisten Tiere. Im **ersten Stock** wachsen kleinere, junge Bäume und Sträucher unter dem Kronendach.

Im **Erdgeschoss** ist es sehr dunkel. Hier wachsen vor allem Farne und Moose.
Der Waldboden ist der **Keller**. Hier verarbeiten Pilze und Bakterien Blätter und Zweige zu neuen Nährstoffen.

EA

Aufgabe 9: **a)** *Schreibe die Pflanzen in die richtigen Kästchen im Bild oben.*

Kronendach – Junge Bäume und Sträucher – Pilze und Bakterien – Farne und Moose – Baumriesen

b) *Was ist der Unterschied zwischen Regenwald, Dschungel und Urwald? Forsche nach.*

c) *Hier findest du einige typische Regenwaldbewohner Südamerikas. Nur ihre Namen sind durcheinander geraten. Findest du sie?*

JUGARA

KANTU

BRILIKO

RAUFETIL

Lernwerkstatt „Unsere Erde“ Grundschulausgabe – Bestell-Nr. 11 300
KOHL VERLAG Der Verlag mit dem Baum www.kohlverlag.de

IX. Amerika

Aufgabe 10: *Finde die Staaten im Wortsuchspiel. Schreibe sie in die Tabelle. Suche im Atlas ihre Hauptstädte und schreibe sie auf.*

EA

G	A	R	N	E	K	O	L	U	M	B	I	E	N	Z
V	I	G	L	Ö	P	P	E	R	U	S	V	S	E	V
E	C	U	A	D	O	R	G	U	S	C	H	B	N	O
N	F	Y	F	E	R	N	E	G	E	H	H	R	P	E
E	E	A	D	O	R	U	S	U	R	I	N	A	M	E
Z	D	N	W	Y	Ü	M	I	A	U	L	E	S	U	Z
U	U	A	T	A	N	T	A	Y	N	E	O	I	M	A
E	M	L	P	A	R	A	G	U	A	Y	T	L	I	Y
L	I	K	A	S	E	R	B	O	L	I	V	I	E	N
A	R	G	E	N	T	I	N	I	E	N	U	E	G	W
H	A	B	D	G	D	L	M	A	T	E	R	N	I	G

	Land	Hauptstadt		Land	Hauptstadt
1			7		
2			8		
3			9		
4			10		
5			11		
6			12		

Aufgabe 11: *Vergleiche Nord- und Südamerika.*

EA

	Nordamerika	Südamerika
größte Stadt		
längster Fluss		
höchster Berg		
größter See		

Aufgabe 12: *Welches Land würdest du gern besuchen? Wo würdest du gern Urlaub machen? Berichte darüber.*

EA

Lernwerkstatt „Unsere Erde" Grundschulausgabe – Bestell-Nr. 11 300
KOHL VERLAG Der Verlag mit dem Baum
www.kohlverlag.de

IX. Amerika

Aufgabe 13: *Hier wird ausgelost, was du in Amerika noch entdecken darfst. Und mit wem du unterwegs bist. Schneidet die Kärtchen aus. Mischt sie. Legt sie verdeckt in eine Schale/einen Karton. Jeder zieht nun einen Zettel. In Gruppenarbeit stellt ihr euren Bericht zum Thema zusammen.*

Washington, das Weiße Haus	Washington, das Weiße Haus	Washington, das Weiße Haus	Washington, das Weiße Haus	Washington, das Weiße Haus
Rocky Mountains und Grand Canyon	Rocky Mountains und Grand Canyon	Rocky Mountains und Grand Canyon	Rocky Mountains und Grand Canyon	Rocky Mountains und Grand Canyon
Mexiko – Mexiko City	Mexiko – Mexiko City	Mexiko – Mexiko City	Mexiko – Mexiko City	Mexiko – Mexiko City
San Francisco	San Francisco	San Francisco	San Francisco	San Francisco
Der Amazonas	Der Amazonas	Der Amazonas	Der Amazonas	Der Amazonas
Die Anden	Die Anden	Die Anden	Die Anden	Die Anden

Lernwerkstatt „Unsere Erde"
Grundschulausgabe – Bestell-Nr. 11 300
KOHL VERLAG Der Verlag mit dem Baum
www.kohlverlag.de

X. Australien und Ozeanien

➲ AUSTRALIEN UND OZEANIEN

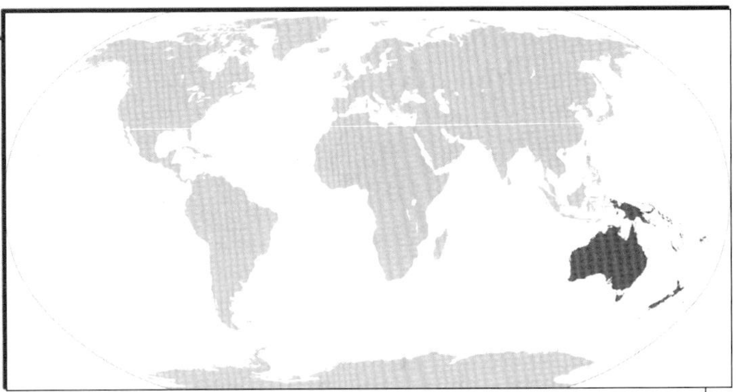

Australien/Ozeanien ist der kleinste Kontinent. Zu diesem Kontinent gehören nicht nur Australien, sondern auch über 7 500 Inseln. Etwa 2 100 sind bewohnt. Um die 15 Millionen Menschen leben dort. Neuseeland und Neuguinea gehören zu den größten Inseln Ozeaniens. Die Hauptstadt Australiens ist Canberra, doch die größte Stadt ist Sydney.

Bis im 16. Jahrhundert die ersten Europäer kamen, lebten hier nur die Ureinwohner, die Aborigines. Sie leben seit mindestens 50 000 bis 60 000 Jahren auf dem Kontinent und achten darauf, die Natur nicht zu zerstören.

Im 16. und 17. Jahrhundert erreichten vermutlich portugiesische, französische, spanische, britische und vor allem niederländische Seefahrer die Küsten Australiens.

Die Briten nutzten die Insel als Strafkolonie. 1788 trafen die ersten Schiffe mit Siedlern und Verurteilten im Port Jackson ein. Die neue Ansiedlung wurde Sydney genannt, zu Ehren des damaligen Ministers Lord Sydney. Bis 1868 wurden 160 000 Gefangene dorthin verbannt.

Heute dienen große Flächen des Landes als Weideland für über 100 Millionen Schafe und mehr als 25 Millionen Rinder. Australien ist führend in der Produktion von Wolle. Die meisten Einwohner aber leben in den Großstädten im Süden des Kontinents.

Australien ist bekannt für seine besondere Tierwelt, wie die Koala-Bären, die Kängurus und die Wombats.

Während das Innere Australiens außerordentlich trocken ist und sich hier weite Wüstengebiete finden, herrschen an den Küsten Australiens tropische oder subtropische Verhältnisse. Eine der Sehenswürdigkeiten von Australien ist der Uluru (Ayers Rock), eine heilige Stätte der Aborigines.

Auch weltbekannt ist das Gebiet des Great Barrier Reef. Es ist das größte Korallenriff der Erde und umfasst über 1 000 Inseln.

EA

Aufgabe 1: *Kennst du diese Tiere?*
Schreibe ihren Namen auf die Linie.

______________ ______________ ______________

KOHL VERLAG Der Verlag mit dem Baum www.kohlverlag.de
Lernwerkstatt „Unsere Erde“ Grundschulausgabe – Bestell-Nr. 11 300

X. Australien und Ozeanien

Der Tasmanische Teufel (Beutelteufel)

Der Beutelteufel lebt nur noch in Tasmanien. Seinen Namen hat er aufgrund seines schaurigen Fauchens, wenn er nach Futter sucht. Wenn mehrere Tiere einen Kadaver fressen, kreischen sie so grell, dass es einem eiskalt den Rücken herunter läuft. Außerdem sind sie schwarz. Als Aasfresser fressen sie alles, was auf ihrem Weg liegt, auch Fell und Knochen. Aber sie jagen auch lebende Beute, kleine Säugetiere und Vögel. Egal wie alt und verfault etwas ist, sie fressen es und halten damit den Wald sauber.

Ihre Jungen wachsen in einem Beutel auf, der ist nach hinten geöffnet. So haben sie keinen Kontakt zu ihrer Mutter. Die Tiere werden bis 65 cm groß und wiegen etwa 8 kg. Wenn ein Tasmanischer Teufel seinen Mund weit öffnet, hat er Angst. Unter Stress produziert er außerdem einen fauligen Geruch. Sieht man zwei tasmanische Teufel niesen, haben sie nicht etwa Schnupfen. Das Niesen ist eine Art Bluff, wenn zwei Männchen einen Machtkampf austragen. Während sie sich raufen, werden außerdem ihre Ohren rot.

EA

Aufgabe 2: **a)** *So gliedert sich Australien: Schneide die Puzzleteile aus. Setze das Land richtig zusammen. Beschrifte dann die Länder mit den richtigen Zahlen und füge die Hauptstädte ein. Zeichne auch ein, wo der Uluru (Ayers Rock) liegt.*

Bundesstaat	Hauptstadt
1. Western Australia	Perth
2. Queensland	Brisbane
3. New South Wales	Sydney
4. Victoria	Melbourne
5. South Australia	Adelaide
6. Tasmanien	Hobart
7. Northern Territory	Darwin
8. Australian Capital Territory	Canberra

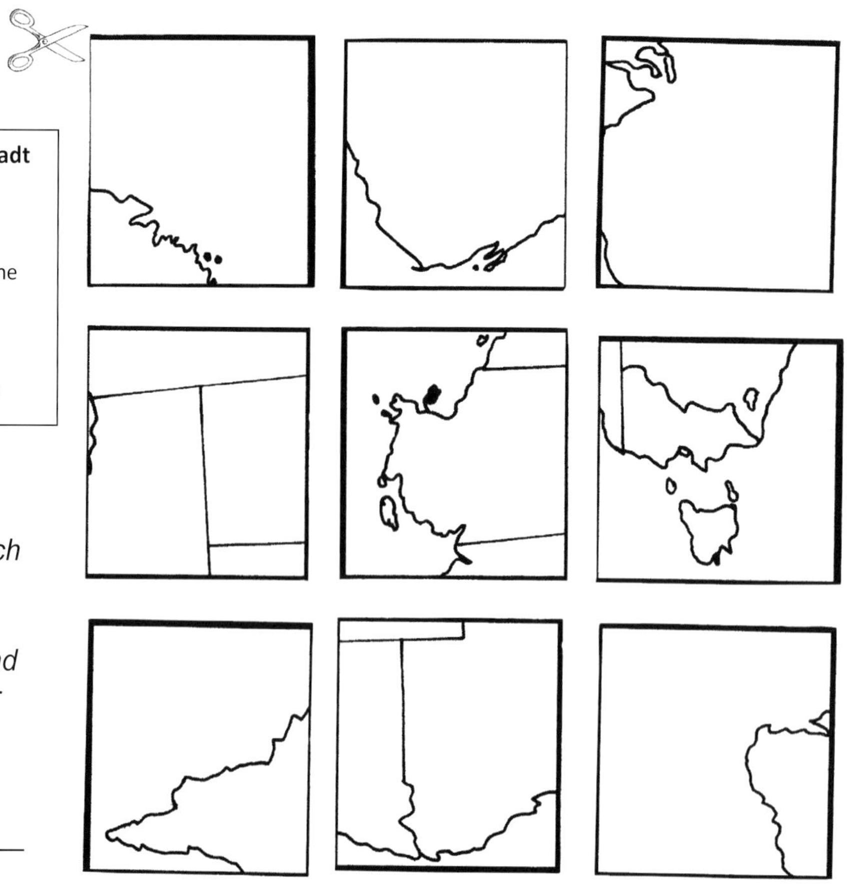

b) *Zu Australien gehören noch einige Außengebiete, darunter die Kokosinseln, die Korallenmeerinseln und die Weihnachtsinsel. Aber wo liegt die Osterinsel? Forsche nach.*

____

____

XI. Antarktis

➲ ANTARKTIS

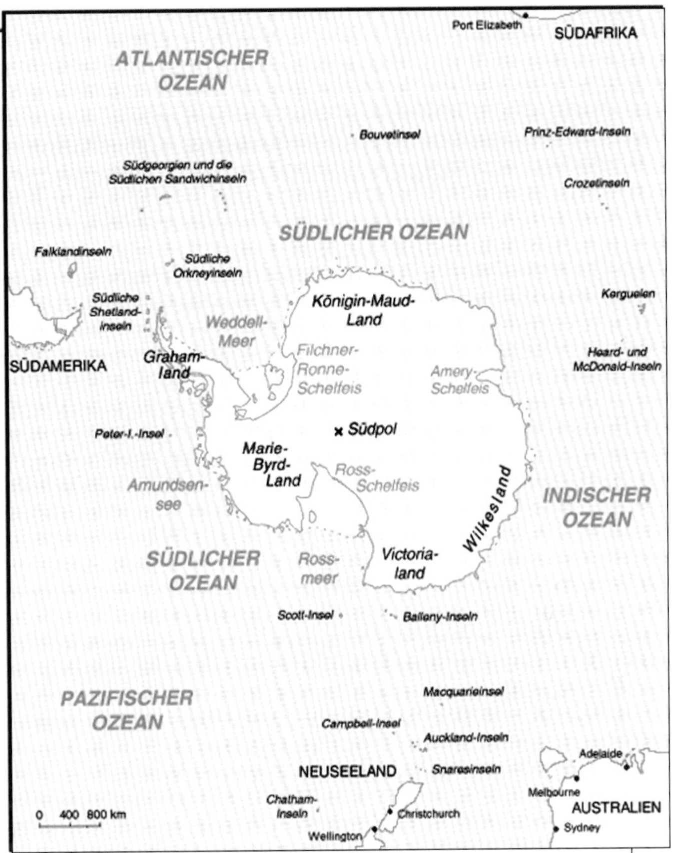

Die Antarktis ist der Kontinent rund um den Südpol. Mit 12,5 Millionen Quadratkilometer ist die Antarktis etwas größer als Europa. Der Kontinent ist fast ganz mit Eis bedeckt. Die Eisschichten können bis zu 4 Kilometer dick werden.
Am 14.12.1911 erreichte der Norweger Roald Amundsen als erster Mensch den Südpol.
Wegen der eisigen Kälte leben hier dauerhaft keine Menschen. In über 80 Forschungsstationen arbeiten aber im Sommer ca. 4000, im Winter ca. 1000 Leute.
Mehrere Staaten erheben Anspruch auf Teile der Antarktis. Der Antarktisvertrag von 1959 und weitere Verträge regeln jedoch die Nutzung des Gebiets und schützen es vor Ausbeutung. Die nächsten größeren Landgebiete sind Feuerland an der Südspitze Südamerikas, das Kap Agulhas in Südafrika sowie die Inseln Tasmanien und Neuseeland.
Die tiefste je gemessene Temperatur betrug minus 89,2 Grad. Im Durchschnitt ist es minus 55 Grad kalt. Dennoch fühlen sich einige Tiere wie See-Elefanten, Pelzrobben, Seehunde, Pinguine in dem extremen Klima sehr wohl. In den eisigen Gewässern schwimmen viele Wale. Alle Tiere ernähren sich hauptsächlich aus dem Meer, weil es kaum Pflanzen gibt.
Das Meer ist voller Kleinkrebse wie Krill. Vom Krill wiederum ernähren sich Fische, Wale und Tintenfische. Der Blauwal ist das größte Säugetier, das jemals gelebt hat. Er wird bis zu 30 Meter lang und verbringt den Sommer in den Gewässern vor der Antarktis.
Der Kaiserpinguin ist mit 1,20 Meter Körpergröße der größte Pinguin der Welt. Das Weibchen legt nur ein Ei, das vom Männchen so lange auf den Füßen getragen wird, bis das Junge ausschlüpft. Der kleinste Pinguin ist der Zwergpinguin. Weiter leben noch einige Albatrosse und Sturmvögel in der Antarktis.

EA

Aufgabe 1: **a)** *Markiere in der Karte oben ein: Feuerland, Südafrika, Tasmanien, Neuseeland, das Rossmeer und das Wedellmeer.*

b) *Wer erreichte als erster Mensch den Südpol? Aus welchem Land kam er?*

____

____

Lernwerkstatt „Unsere Erde" Grundschulausgabe – Bestell-Nr. 11 300
KOHL VERLAG Der Verlag mit dem Baum
www.kohlverlag.de

XI. Antarktis

EA

Aufgabe 2: **a)** *Füge die folgenden Begriffe richtig in den Lückentext ein.*

Südamerika – Blauwal – Verträge – Forschungsstationen – Pinguine – Norweger – Eisbären – Feuerland – Menschen – Kaiserpinguin – Krill – Afrika – Südpol – minus 55 °C

Die Antarktis liegt um den ____________________ . Der Kontinent ist kleiner als ____________________ . 1911 erreichte der ____________________ Roald Amundsen als erster Mensch den Südpol. Hier leben nicht ständig ____________________ .

Doch es gibt über 80 ______________________________ . Die Nutzung des Gebietes ist durch ____________________ geregelt.

Im Durchschnitt ist es ______________ kalt. Das am nächsten gelegene Land ist ____________________ in ____________________ .

Der ____________________ verbringt den Sommer im Meer um die Antarktis.

Er ernährt sich von ______________ , das sind Garnelen und Krebse. Typische Bewohner der Antarktis sind die ____________________ . Der größte dieser Art ist der ______________________________ . Am Südpol gibt es keine ________________ .

b) *Pinguine leben in großen Gruppen zusammen. Diese Gruppen nennt man auch Kolonien. Hier siehst du erwachsene Pinguine und Pinguinküken. Zeichne eine Kolonie in dein Heft/deinen Ordner oder in deinen Zeichenblock. Male auch die Landschaft dazu.*

Lernwerkstatt „Unsere Erde“
Grundschulausgabe – Bestell-Nr. 11 300
KOHL VERLAG
www.kohlverlag.de

XII. Steckbrief zu den Kontinenten

Lage des Erdteils:

(anmalen in der Karte.)

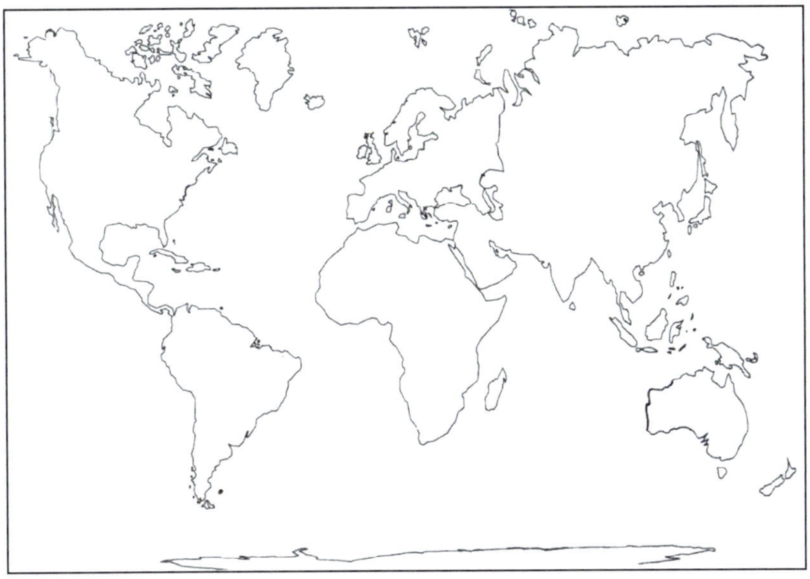

Name des Kontinents:

____

Die größten Städte:

____

____

Die längsten Flüsse:

____

Große Seen:

____

Berge und Gebirge:

____

Besonderes:

____

____

____

Bilder, die mir gefallen:

Das ist ____________	Das ist ____________	Das ist ____________

Lernwerkstatt „Unsere Erde“
Grundschulausgabe – Bestell-Nr. 11 300
KOHL VERLAG
www.kohlverlag.de

XIII. Memory der Kontinente

EA

Aufgabe 1: *Schneidet die Kärtchen aus. Mischt sie sorgfältig. Klebt sie dann wieder richtig geordnet auf ein Blatt. Und? Alle richtig zugeordnet?*

	**Afrika**		**Südmerika**
	**Europa**		**Antarktis**
	**Nordamerika**		**Australien und Ozeanien**
	**Asien**		

Lernwerkstatt „Unsere Erde“
Grundschulausgabe – Bestell-Nr. 11 300
KOHL VERLAG Der Verlag mit dem Baum
www.kohlverlag.de

XIV. Die sieben Weltwunder

Die sieben Weltwunder
Schon in der Antike hatte man sieben Weltwunder. Das waren besondere Bauwerke oder Standbilder. Heute gibt es von diesen „Weltwundern" nur noch die Pyramiden von Gizeh. Die anderen wurden durch Erdbeben und Kriege zerstört oder zerfielen im Laufe der Zeit.
In den letzten Jahrzehnten beschloss man, sieben neue Weltwunder auszuwählen. Damit wollte man Menschen aus aller Welt durch ihr gemeinsames Kulturgut verbinden.

EA

Aufgabe 1: *Finde zu jedem Weltwunder heraus, was es ist (Grab, Statue, Stadt ...) und zu welchem Land und zu welchem Kontinent es gehört. Infos gibt es im Internet oder im Lexikon.*

Cristo Redentor

Machu Picchu

Kolosseum

Taj Mahal

Chinesische Mauer

Petra

Chichen Itza

Name	ist	liegt in	Kontinent
Cristo Redentor			
Machu Picchu			
Kolosseum			
Taj Mahal			
Chinesische Mauer			
Petra			
Chichen Itza			

Lernwerkstatt „Unsere Erde"
Grundschulausgabe – Bestell-Nr. 11 300
KOHL VERLAG Der Verlag mit dem Baum
www.kohlverlag.de

XV. Die Sprachen der Erde

Was ist eine Weltsprache?
Das wichtigste Merkmal von Weltsprachen ist die hohe Anzahl ihrer Sprecher, sowohl als Muttersprache als auch als Fremdsprache.
Weltsprachen sind also die meistgesprochenen Sprachen der Welt. Die internationale Bedeutung einer Weltsprache ist die Frage, wie weit diese Sprache benutzt wird in der Wirtschaft, Politik, Wissenschaft und Kultur.
Da die Sprachen Hindi, Bengalisch, Japanisch und Koreanisch nur selten als internationale Verkehrssprachen dienen, werden sie oft nicht als Weltsprachen angesehen, obwohl sie von so vielen Menschen gesprochen werden.

EA

Aufgabe 1: *Das sind die wichtigsten Sprachen der Welt: Notiere, in welchen Ländern diese Sprachen gesprochen werden.*

1. Englisch: ____________________
2. Chinesisch: ____________________
3. Hindi: ____________________
4. Spanisch: ____________________
5. Französisch: ____________________
6. Arabisch: ____________________
7. Russisch: ____________________
8. Portugiesisch: ____________________
9. Bengalisch: ____________________
10. Deutsch: ____________________
11. Japanisch: ____________________
12. Koreanisch: ____________________

EA

Aufgabe 2: ***Die Schriften:*** *Genau wie es viele verschiedene Sprachen gibt, gibt es auch viele verschiedene Schriften. Bei uns (und in Amerika, Australien und in großen Teilen Afrikas) wird das lateinische Alphabet benutzt.*

Hier siehst du japanische und chinesische Schriftzeichen zum Nachmalen.

Bedeutung	chinesisches Zeichen		japanisches Zeichen	
Willkommen	欢迎		日本	
Freundschaft	友		友情	
Glück	福		幸	

XVI. Die Klimazonen der Erde

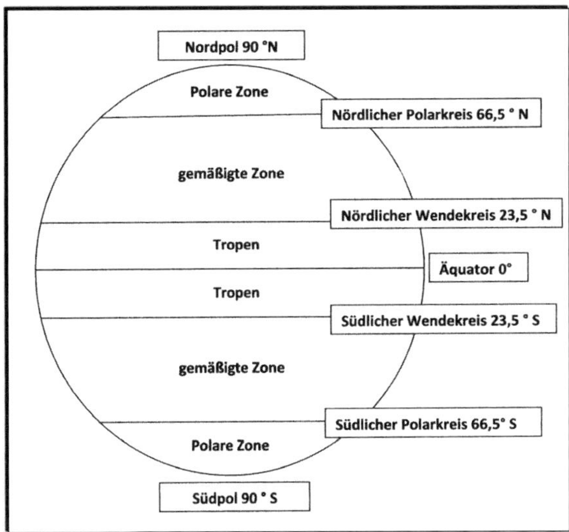

Die Klimazonen der Erde

Es gibt zwei **Polarzonen**: Die eine wird vom Nordpol und vom nördlichen Polarkreis begrenzt, die andere vom Südpol und vom südlichen Polarkreis. In den Polarzonen liegen die Temperaturen fast das ganze Jahr unter 0 °C. Es herrscht Dauerfrost. Es gibt wenig Niederschlag. Der Niederschlag fällt als Schnee.

Hier finden wir polare Kältewüste und Eiswüsten. Tundra und Taiga (Nadelwald) gibt es nur auf der Nordhalbkugel.

Die beiden **gemäßigten Zonen** liegen zwischen dem nördlichen Polarkreis, dem nördlichen Wendekreis und zwischen dem südlichen Polarkreis und dem südlichen Wendekreis. Hier gibt es deutlich unterschiedliche Jahreszeiten. Die Temperaturen sind gemäßigt und es gibt das ganze Jahr über mittlere Niederschläge. In beiden gemäßigten Zonen wird es zum Äquator hin immer wärmer. In den gemäßigten Zonen finden wir Laub- und Nadelwälder, je näher man zum Äquator kommt, auch Steppen, Savannen und Wüsten.

Die **tropische Zone** dehnt sich nördlich und südlich des Äquators aus. Sie wird von den beiden Wendekreisen begrenzt. In den Tropen gibt es keine Jahreszeiten. Es ist das ganze Jahr über sehr warm, zwischen 20° und 28° C. Außerdem regnet es fast täglich kräftig. Hier finden wir feuchte Savannen und den tropischen Regenwald.

EA

Aufgabe 1: **a)** *Ordne passend zu und verbinde mit einer Linie.*

Eiswüste	tropische Zone
Laub- und Nadelwald	polare Zone
Regenwald	gemäßigte Zone
Savannen	polare Zone
Steppen	tropische Zone
Taiga	gemäßigte Zone

b) *Wähle zu jeder Klimazone eine Farbe. Male sie in die Kästchen. Male dann die Klimazonen auf der Seite 66 in die Karte ein.*

☐	☐	☐
Polare Zone	***Gemäßigte Zone***	***Tropische Zone***

Lernwerkstatt „Unsere Erde“ Grundschulausgabe – Bestell-Nr. 11 300
KOHL VERLAG Der Verlag mit dem Baum
www.kohlverlag.de

c) *Setze auf den Linien neben der Karte passend ein:*

tropische Zone – gemäßigte Zone – Südpol (Antarktis) – polare Zone – südlicher Wendekreis – polare Zone – Äquator – nördlicher Polarkreis – gemäßigte Zone – nördlicher Wendekreis – Nordpol (Arktis) – südlicher Polarkreis – tropische Zone

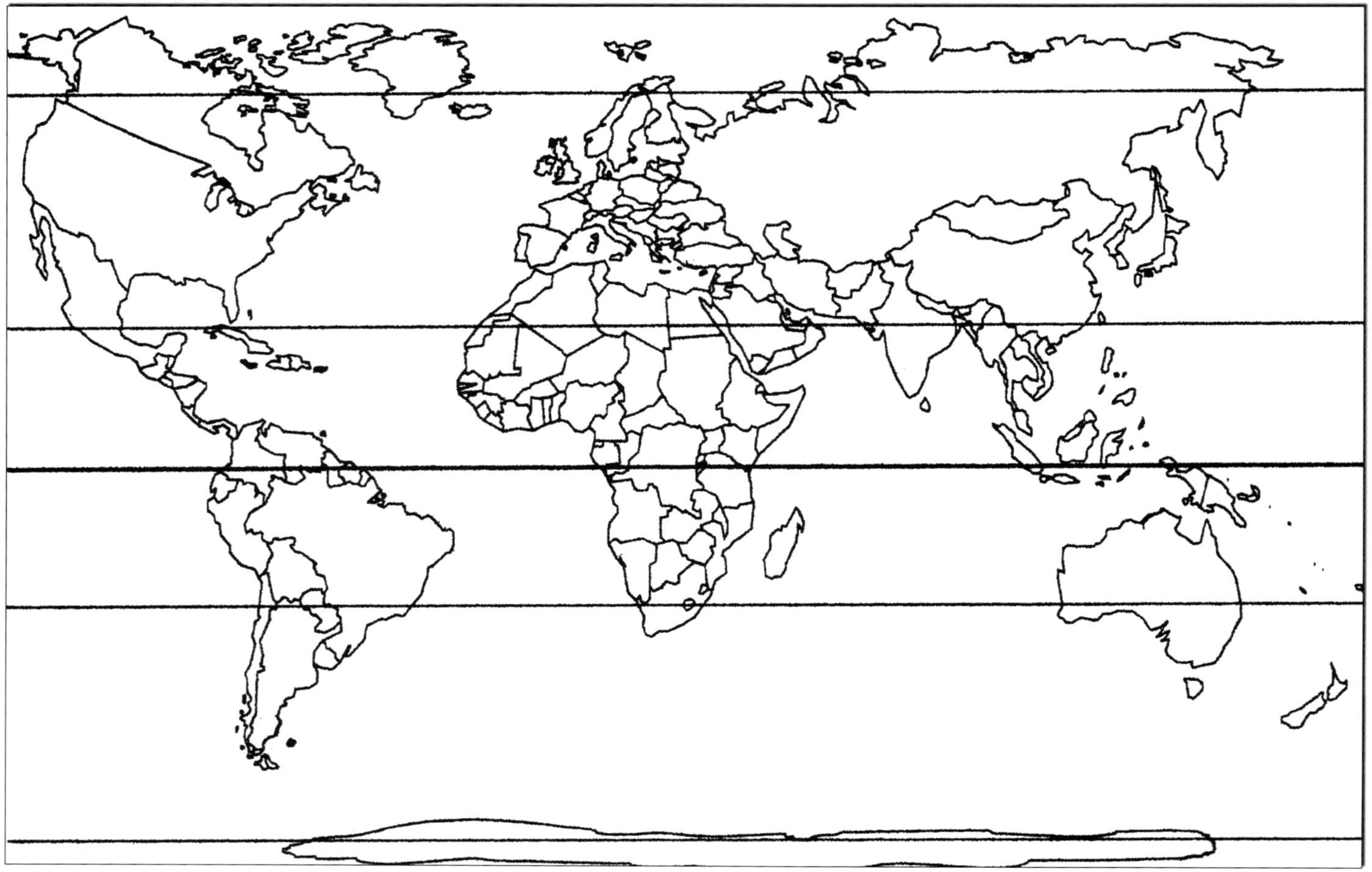

____

____

____

____

____

____

____

____

____

____

____

____

____

XVI. Die Klimazonen der Erde

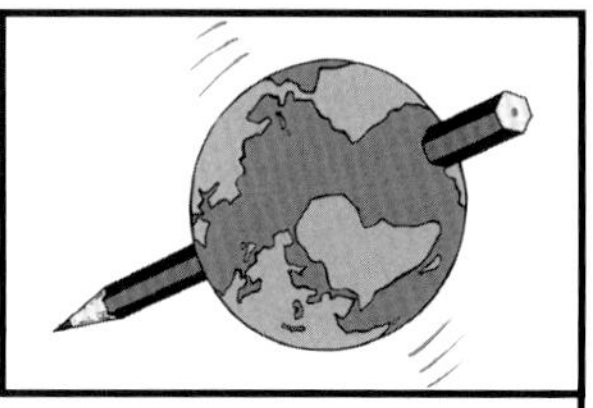

EA

<u>Aufgabe 2</u>: a) *Erkläre mit deinen Worten den Unterschied zwischen Wetter und Klima.*

Das Wetter ____

____

____

Das Klima ____

____

____

Wetterkarte	**Klimadiagramm**
zeigt das Wetter an einem bestimmten Tag in einer bestimmten Gegend	fasst das Wetter mehrerer Jahrzehnte für ein Gebiet zusammen
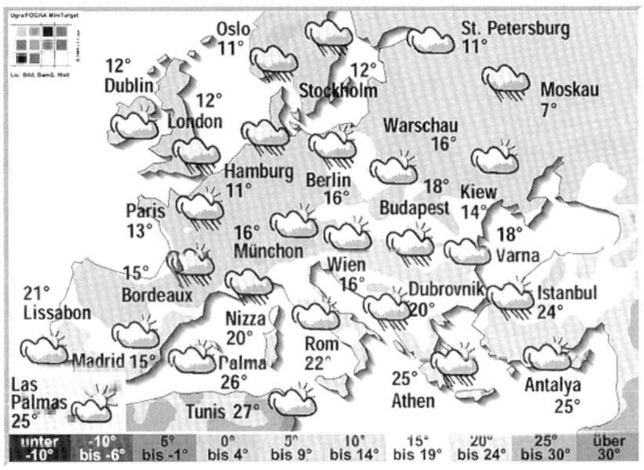	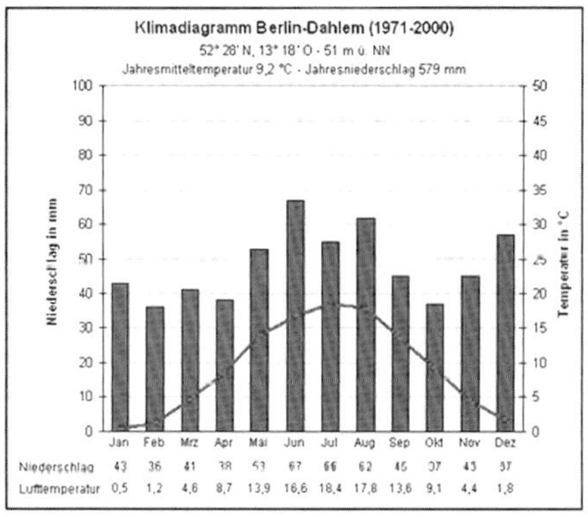

a) *Wetter oder Klima? Kreuze richtig an. (W = Wetter, K = Klima)*

1	In Norddeutschland ist es bewölkt, im Süden scheint die Sonne.	W	K
2	In Italien regnet es im Winter mehr als im Sommer.	W	K
3	Gestern fiel in Berlin zum ersten Mal in diesem Jahr Schnee.	W	K
4	Im tropischen Regenwald regnet es das ganze Jahr über gleichmäßig.	W	K
5	Morgen kommt ein starker Ostwind auf.	W	K
6	Am nächsten Wochenende klettern die Temperaturen über 20 Grad C.	W	K
7	In der Antarktis gibt es nur wenige Tiere, weil es immer sehr kalt ist.	W	K
8	Die Sahara ist eines der trockensten Gebiete der Erde.	W	K
9	In Australien wird ein Sturm erwartet.	W	K
10	In Grönland gibt es nur im Sommer Temperaturen über 0 Grad C.	W	K

XVII. Die Tierwelt unserer Erde

EA

<u>Aufgabe 1</u>: *Schneide die Tierbilder aus. Klebe sie an die richtigen Orte in der Weltkarte auf Seite 69. Einige Tiere gibt es in mehreren Gebieten. In Klammern ist dann angegeben, wo du sie aufkleben sollst.*

Eisbär	Pinguin	Giraffe	Zebra

Lama	Känguru	Koala	Panda (China)

Weiße Hai (Neuseeland)	Tiger (Sibirien)	Blauwal (Antarktis)	Faultier (Mittelamerika)

Krokodil (Nil)	Elefant (Afrika)	Murmeltier (Alpen)	Elch (Schweden)

Löwe	Stinktier (Nordamerika)	Wolf (Russland)	Walross (Nordpolarmeer)

Lernwerkstatt „Unsere Erde“
Grundschulausgabe – Bestell-Nr. 11 300
KOHL VERLAG
www.kohlverlag.de

XVII. Die Tierwelt unserer Erde

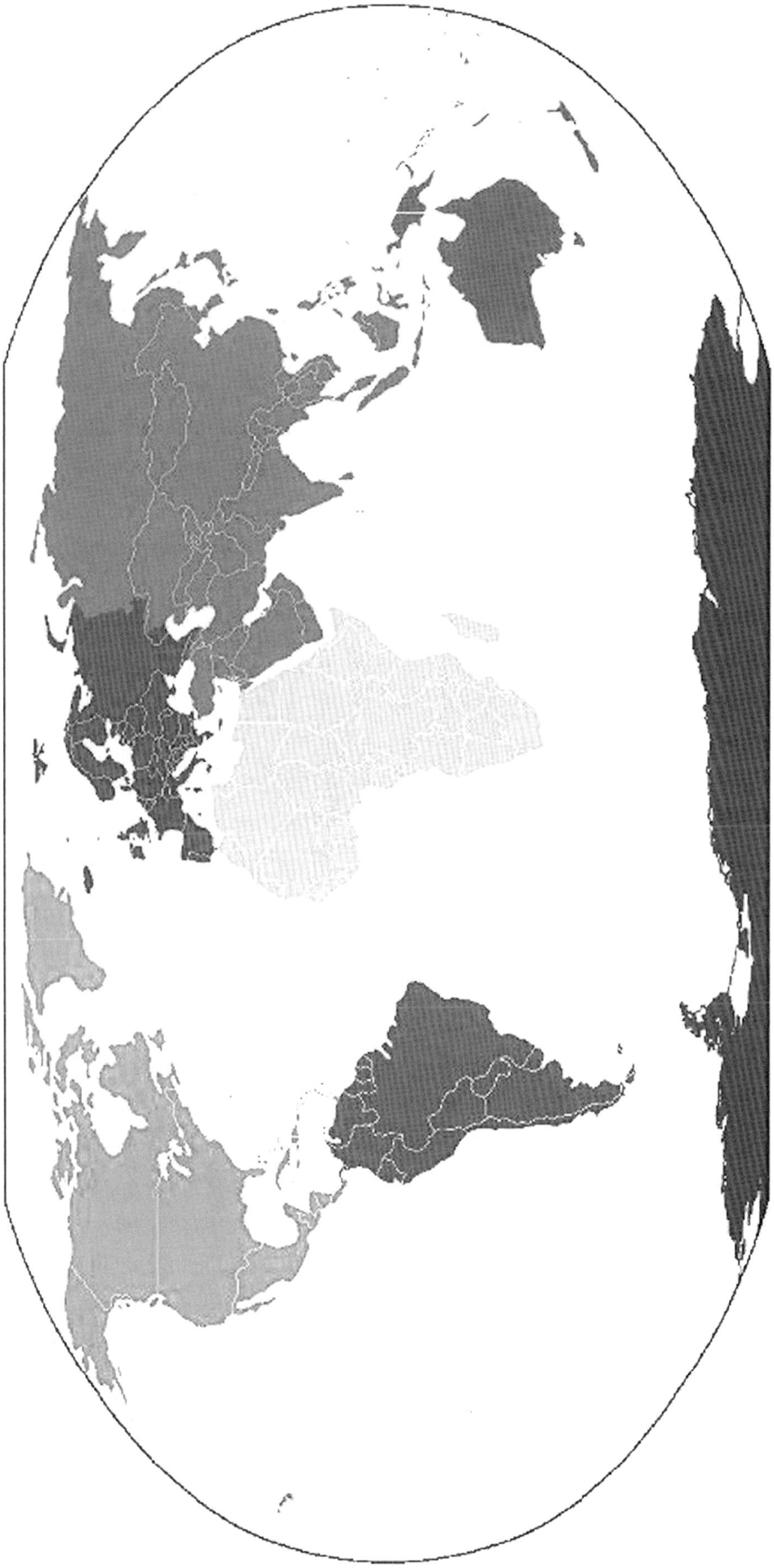

Lernwerkstatt „Unsere Erde“
Grundschulausgabe – Bestell-Nr. 11 300
KOHL VERLAG Der Verlag mit dem Baum
www.kohlverlag.de

XVIII. Die Zeitzonen

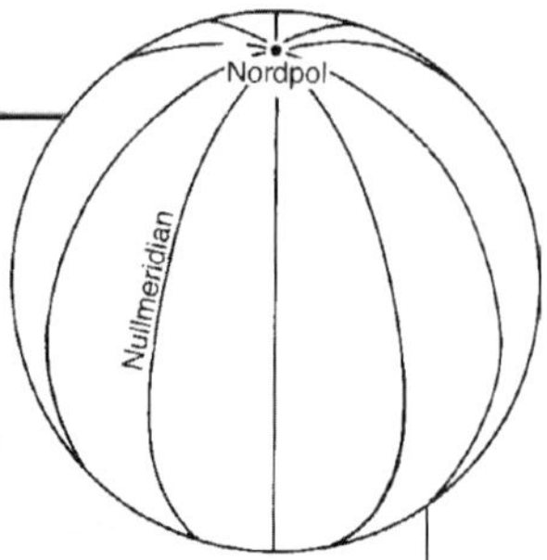

Die Zeitzonen richten sich nach den Längengraden, den Meridianen. Der Null-Meridian verläuft durch die Sternwarte Greenwich (London). Im Osten geht die Sonne auf, also ist es östlich von London schon später (denn da ist die Sonne ja früher aufgegangen). Im Westen (z. B. Amerika) erscheint die Sonne erst später, also ist es dort früher. Ganz einfach, oder? Wir sind eine Stunde eher als Greenwich. Wenn es in London 17 Uhr ist, haben wir schon 18 Uhr. Die Längengrade werden in östlicher und westliche Richtung ausgehend vom Nullmeridian gemessen, reichen also von 180° Ost bis 180° West.

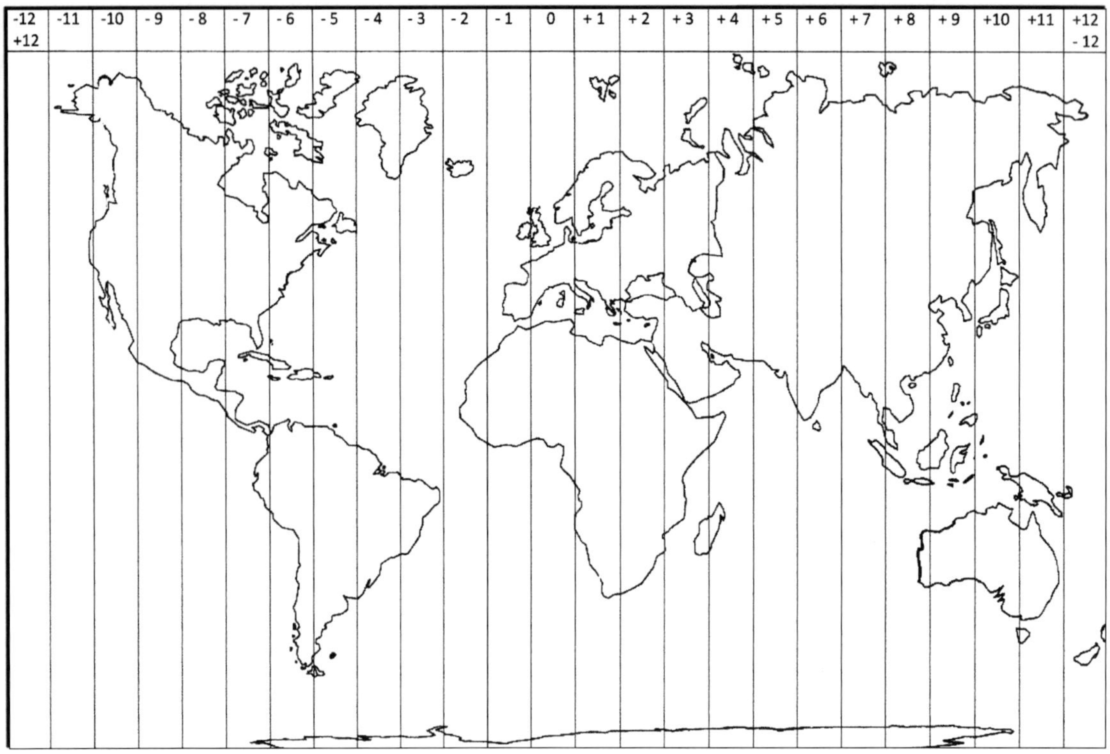

EA

Aufgabe 1: *Wie spät ist es in folgenden Städten, wenn es bei uns 12:00 Uhr ist? Zeichne ein.*

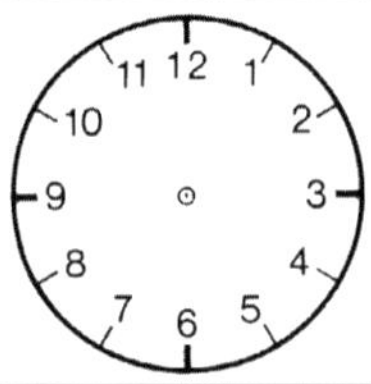	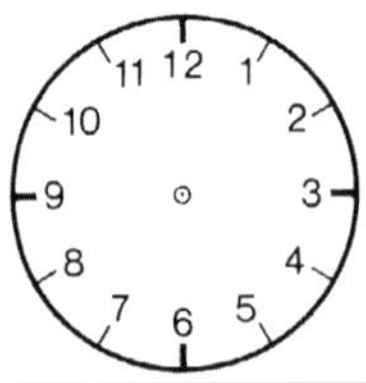	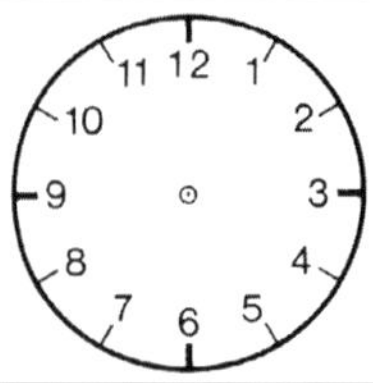	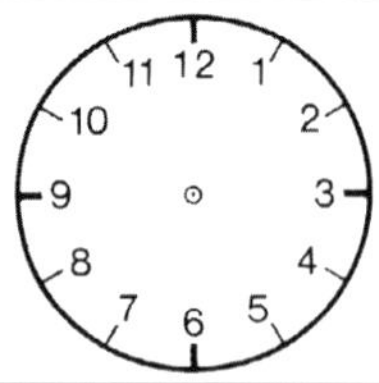
1. Berlin 12:00 Uhr	**2. Neu Delhi**	**3. Tokio**	**4. New York**
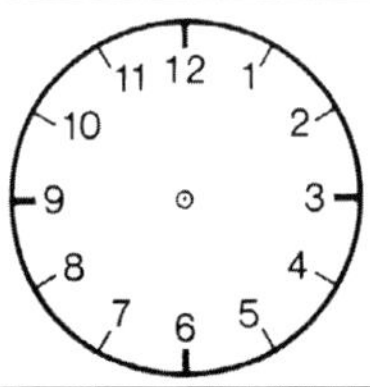	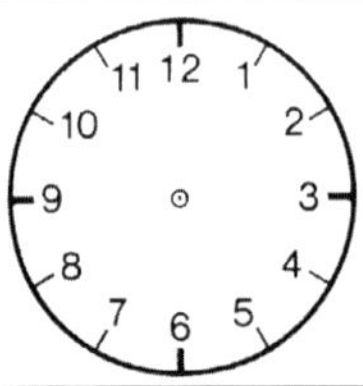	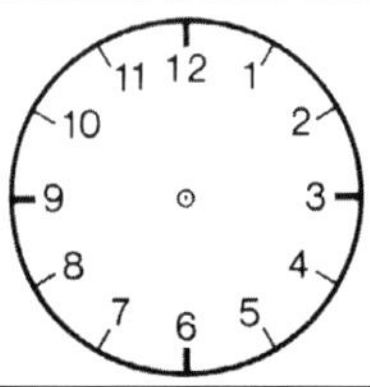	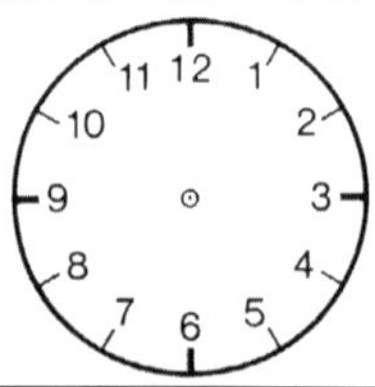
5. San Francisco	**6. Kapstadt**	**7. Kairo**	**8. Sydney**

Lernwerkstatt „Unsere Erde“
Grundschulausgabe – Bestell-Nr. 11 300
KOHL VERLAG Der Verlag mit dem Baum
www.kohlverlag.de

XIX. Die Weltreligionen

Die Weltreligionen (alphabetisch geordnet)
Überall auf der Welt gibt es Menschen, die sich intolerant gegenüber Andersgläubigen verhalten. Einige von ihnen glauben, dass ihre eigene Religion die einzig richtige ist. Dabei wissen die meisten von ihnen nicht einmal, wie Muslime beten, nach welchen Geboten Juden leben, oder wie Buddhisten den Weg zur Erlösung finden.

➲ Buddhismus

Der Buddhismus ist vor ungefähr 2500 Jahren in Indien aus dem Hinduismus entstanden. Buddhisten leben vor allem in Tibet, Thailand, Sri Lanka, Korea, China und Japan. Auch in Nordamerika und Europa gehören immer mehr Menschen diesem Glauben an. Die heilige Schrift des Buddhismus ist der Palikanon.
Der achtfache Pfad soll den Menschen helfen, sich von der Gier nach Dingen zu befreien. Gelingt ihm dies nicht, wird der Mensch nach seinem Tod in einem neuen Körper wiedergeboren. Buddhisten glauben, wenn ein Lebewesen noch unerfüllte Wünsche hat, kann die Seele nicht zur Ruhe kommen.
Nur wer keine Wünsche mehr hat, kann das Glück finden. Das ist für die Buddhisten die Voraussetzung, um das Nirwana zu erreichen. Wer das Nirwana erreicht, muss nicht mehr wiedergeboren werden und nicht mehr leiden. Der Dalai Lama ist das Oberhaupt der Buddhisten in Tibet.

➲ Christentum

Christinnen oder Christen glauben an Jesus Christus. Sie glauben, dass Jesus Christus als Sohn Gottes auf die Erde kam und folgen seinen Lehren.
Das Christentum ist eine monotheistische Religion, es kennt nur einen einzigen Gott. Die wichtigste Schrift ist die Bibel. Es enthält unter anderem die vier Evangelien, die alle das Leben Jesu beschreiben: Matthäus, Markus, Lukas und Johannes.
Wie für das Judentum und den Islam gelten auch für Christen die Zehn Gebote.
Die meisten christlichen Eltern lassen ihre Kinder kurz nach der Geburt taufen. Damit ist das Kind in die Gemeinschaft der Christen aufgenommen. In den meisten christlichen Glaubensgemeinschaften gibt es Jahre später noch einmal ein Fest, bei dem das Kind zum ersten Mal selbst am Abendmahl teilnimmt. Bei den Protestanten ist das die Konfirmation, bei den Katholiken die Erstkommunion.

Lernwerkstatt „Unsere Erde“
Grundschulausgabe – Bestell-Nr. 11 300
KOHL VERLAG Der Verlag mit dem Baum
www.kohlverlag.de

XIX. Die Weltreligionen

➲ Hinduismus

Die Wurzeln des Hinduismus reichen mehr als 3000 Jahre zurück. Nach Christentum und Islam ist der Hinduismus die drittgrößte Religionsgemeinschaft. Ihre Anhänger leben fast alle in Indien. Sie werden „Hindus“ genannt.

Viele Hindus verehren Vishnu, den Gott der Güte. Eine andere Hauptgottheit ist Shiva. Dieser Gott wird „der Zerstörer“ genannt, er zerstört das Alte, damit Neues auf der Welt entstehen kann. Seine ganze Kraft bekommt er von Shakti, der Göttin der Ur-Energie.

Die älteste heilige Schrift im Hinduismus sind die Veden, das bedeutet „Wissen“. Sie sind vor ungefähr 3000 Jahren entstanden und enthalten uralte Erzählungen über Götter.

Das Karma, das „Konto“ der guten oder schlechten Taten, bestimmt, in welche Kaste ein Hindu geboren wird. Ein gutes Karma bewirkt, dass die Seele in einem besseren Leben wiedergeboren oder sogar erlöst wird. Geburt, Tod und Wiedergeburt bilden einen ewigen Kreislauf, genannt Samsara.

Eines der größten Feste heißt Divali, „Lichterkette“, und ist das hinduistische Neujahrsfest.

➲ Islam

Wer sich zum Islam bekennt, wird Muslima (Frauen) oder Muslim (Mann) genannt. Das Wort bedeutet: „der/die sich Gott unterwirft“.

Mohammed, der Prophet des Islams, wurde um das Jahr 570 in Mekka auf der Arabischen Halbinsel geboren.

Allah ist derselbe Gott, den auch die Juden und Christen verehren. Wie Allah ihm aufgetragen hatte, predigte Mohammed das Wort Gottes. Die wichtigste heilige Schrift des Islams ist der Koran.

Zu den „Fünf Säulen des Islam“ gehören:

1. Schahada (islamisches Glaubensbekenntnis)
2. Salat (fünfmaliges Gebet am Tag)
3. Zakat (Almosensteuer)
4. Saum (Fasten im Ramadan)
5. Haddsch (Pilgerfahrt nach Mekka)

In islamischen Ländern erinnert der Muezzin (Gebetsrufer) vom Minarett, dem Turm der Moschee aus, an die Zeiten fürs Gebet. Besonders wichtig ist das Gebet am Freitag, dieser Tag ist der Höhepunkt der Woche wie für die Christen der Sonntag. Am Freitag hält der Imam, der Vorbeter, eine Predigt in der Moschee. Das Ende des Fastenmonats Ramadan wird mit einem großen mehrtägigen Fest gefeiert.

Ein Gruß arabischer Muslime ist „Salam aleikum“, das heißt „Friede sei mit dir“. Die meisten der über eine Milliarde Muslime auf der Welt wollen ihren Glauben an Allah friedlich leben. Im Koran steht: „Wer einen Menschen tötet, es sei, als hätte er alle Menschen umgebracht“.

Lernwerkstatt „Unsere Erde“
Grundschulausgabe – Bestell-Nr. 11 300
KOHL VERLAG
www.kohlverlag.de

XIX. Die Weltreligionen

➲ Judentum

Das Judentum ist die älteste der drei Religionen, die alle an den selben Gott glauben. Es ist ungefähr 4000 Jahre alt. Das Christentum gibt es seit 2000 Jahren, den Islam seit fast 1400 Jahren.
Die wichtigste Heilige Schrift des Judentums ist die Thora. Sie erzählt von der Erschaffung der Welt, Noah und der Sintflut, Abraham und Moses. Eine andere wichtige Schrift ist der Talmud, der hilft, die Bibel zu verstehen.
Der Sabbat gehört ganz der Ruhe und dem Gebet, Jungen werden mit 13 Jahren Bar Mizwa, „Sohn der Pflicht", das wird mit einem Fest gefeiert. Mädchen werden mit 12 Jahren Bat Mizwa, „Tochter der Pflicht". Manchmal gibt es hierzu auch ein Fest. Zum feierlichen Gebet versammelt sich die jüdische Gemeinde in der Synagoge.
Am zehnten Tag nach dem Neujahrsfest feiern die Juden das Versöhnungsfest, den höchsten jüdischen Feiertag, genannt Jom Kippur. „Schalom", das heißt Frieden, ist ein jüdischer Gruß. Ein friedliches Leben wurde den Juden aber oft schwer gemacht. Der Begriff Antisemitismus bezeichnet die ablehnende Haltung gegenüber Juden. In vielen Städten mussten sie in Ghettos leben, Angriffe auf ihr Leben oder ihren Besitz blieben häufig straflos. Palästina stand seit 1916 unter britischer Verwaltung. Die Briten versprachen den Juden einen eigenen Staat, Israel. Aber auch den dort schon lange lebenden Palästinensern, Arabern muslimischen Glaubens, hatten sie das Land versprochen. Der Staat Israel wurde 1948 gegründet. Viele Palästinenser wurden bei der Gründung Israels von dem Land, auf dem sie lange gelebt hatten, vertrieben. Hier liegt eine Ursache für den Streit zwischen Israelis und Palästinensern, dessen Ende alle herbeisehnen.

EA

Aufgabe 1: **a)** *Welche Gemeinsamkeiten haben Christen, Juden und Muslime?*

____

b) *Welche Bücher oder Schriften sind die wichtigsten im*

Christentum: ______________________________

Judentum: ______________________________

Islam: ______________________________

Hinduismus: ______________________________

Buddhismus: ______________________________

c) *Welches Zeichen steht für welchen Glauben?*

________ ________ ________ ________ ________

Lernwerkstatt „Unsere Erde"
Grundschulausgabe – Bestell-Nr. 11 300
KOHL VERLAG Der Verlag mit dem Baum
www.kohlverlag.de

XX. Stadt – Land – Fluss

Man braucht für jeden Mitspieler einen Plan und einen Stift. Entweder kopiert man für jeden Spieler einen, oder jeder Spieler malt sich seinen eigenen. So könnte er aussehen:

Stadt	Land	Fluss	Tier	Name	Beruf	Punkte

➲ **Spielregeln:**

Zuerst wird ein Buchstabe gelost: Ein Spieler sagt laut „A“ und sagt dann in Gedanken das ABC auf. Wenn er bei Z angekommen ist, fängt er wieder bei A an.
Ein anderer Spieler ruft irgendwann „STOPP!“. Der Spieler, der das ABC aufgesagt hat, sagt dann laut den Buchstaben, bei dem er gerade war. Das ist der Buchstabe, mit dem gespielt wird.
Jeder Mitspieler denkt sich nun eine Stadt, ein Land, einen Fluss, usw. aus, und schreibt seine Antworten in die Felder auf dem Plan. Alle Antworten müssen mit dem Buchstaben anfangen, mit dem gerade gespielt wird.

➲ **Beispiel:** Buchstabe **A** wurde gewählt:

Stadt	Land	Fluss	Tier	Name	Beruf	Punkte
Amsterdam	Algerien	Amazonas	Affe	Anika	Arzt	

Wer als erstes alle Begriffe aufgeschrieben hat, ruft laut „STOPP!“.
Dann müssen sofort alle den Stift fallen lassen, es darf nicht mehr weiter geschrieben werden. Sollte es vorkommen, dass lange Zeit niemand „Stopp“ ruft, sagt einer: „Mir fällt nichts mehr ein.“ Wenn alle anderen zustimmen, werden die Stifte beiseite gelegt.

Nun werden die Begriffe verglichen. Für jedes gefundene Wort gibt es Punkte:

- ➲ Hat ein Mitspieler als einziger eine Antwort in einer Spalte, bekommt er dafür 20 Punkte.
- ➲ Haben mehrere Mitspieler eine Antwort in einer Spalte, die Antworten sind aber alle unterschiedlich, bekommt jeder 10 Punkte.
- ➲ Haben mehrere Mitspieler eine Antwort in einer Spalte und die Antworten sind gleich, bekommt jeder dieser Mitspieler 5 Punkte.

Punkte gibt es für jedes einzelne Wort. Wenn alle Punkte verteilt sind, rechnet jeder seine Punkte zusammen und schreibt sie in das Feld für Punkte.
Nun geht es wieder von vorne los und der nächste Buchstabe wird gelost. Das Spiel ist zu Ende, wenn alle Buchstaben gespielt sind oder jemand keine Lust mehr hat. Dann werden alle Punkte zusammengezählt. Wer die meisten Punkte hat, hat gewonnen.

XXI. Die Lösungsvorschläge

Kapitel I

1.) **a)** Die Erde dreht sich in etwa **24** Stunden ein Mal um sich selbst.
Der Mond dreht sich in **knapp einem** Monat um die Erde.
Die Erde kreist in **einem** Jahr um die Sonne.

b) In die Sonne passen über 1 Million Erdkugeln.

c) Das Licht braucht von der Sonne bis zur Erde etwa 8 Minuten.

d) Der Mond ist 348 000 km von der Erde entfernt.

3.) Richtig ist: 1 c, 2 a, 3 a, 4 b, 5 b

Kapitel II

1.)

Perm	vor 280 Mio – 250 Mio Jahren
Trias	vor 250 Mio – 200 Mio Jahren
Jura	vor 200 Mio – 145 Mio Jahren
Kreide	vor 145 Mio – 65 Mio Jahren

Kapitel III

2.)
1 d: 1271 – 1295 Marco Polo erforscht China, Indien und Persien
2 f: 1492 Christoph Kolumbus entdeckt Amerika
3 e: 1497 – 1498 Vasco da Gama fährt um das Kap der Guten Hoffnung nach Indien
4 b: 1690 – 1692 Engelbert Kaempfer erforscht Japan
5 a: 1797 – 1800 Friedrich Hornemann durchquert die Sahara
6 g: 1799 – 1804 Alexander von Humboldt erforscht Mittel- und Südamerika
7 c: 1849 – 1871 David Livingstone erforscht Afrika

3.) **a)**

Chinesen:	Asien
Ägypter:	Afrika
Mayas:	Amerika
Römer:	Europa
Griechen:	Europa

b) Als Hochkultur wird eine frühe Gesellschaftsordnung bezeichnet, die fortschrittlicher als andere Kulturen ist (z. B. in der Landwirtschaft, der Schrift, dem Militär ...)

c) Das Porzellan aus dem frühen China ist sehr wertvoll.

d) Im Alten Ägypten entstanden der Kalender und die Hieroglyphen (Schrift).

e) Die alten Griechen erfanden die Demokratie und die Olympischen Spiele.

f) Die Römer hatten schon Wasserleitungen und Kanäle. Bildung war ihnen wichtig.

g) Wahrscheinlich war Lucy etwa 20 Jahre alt. Sie wog 30 Kilogramm und war einen Meter groß.

Kapitel IV

1.) von oben nach unten:
nördliche polare Zone, nördliche gemäßigte Zone, tropische Zone, südliche gemäßigte Zone, südliche polare Zone.

2.) **a)** von oben nach unten:
Nordpol, Längenkreis, Breitenkreis, Nordhalbkugel, Äquator, Südhalbkugel

b) Lückentext der Reihe nach:
Kugel, einmal, Gradnetz, Längenkreise, Meridiane, Nordpol, Breitenkreise, Polen, Äquator, Nordhalbkugel, Südhalbkugel

3.) **a)** Rio de Janeiro: 22° S, 43° W

XXI. Die Lösungsvorschläge

Kapitel IV

3.) b)

Bestimmung der Breite (Nord-Süd-Lage)		New York	Kapstadt	Bestimmung der Länge (Ost-West-Lage)		New York	Kapstadt
1.	Liegt der Ort nördlich oder südlich des Äquators?	**N**	**S**	1.	Ist der Ort östlich oder westlich des Nullmeridians?	**W**	**O**
2.	Wie viele Grade ist der Ort vom Äquator entfernt?	**40°**	**33°**	2.	Wie viele Grade ist der Ort vom Nullmeridian entfernt?	**74°**	**18°**
3.	1. und 2. ergibt die Breite.	**40° N**	**33° S**	3.	1. und 2. ergibt die Länge.	**74° W**	**18 ° O**

c) Tokio: 35° N, 139° O

d) Paris: 49° N, 2° O

e) Peking

f) Los Angeles

Kapitel V

1.) **a)**
1. Nordamerika
2. Südamerika
3. Afrika
4. Europa
5. Asien
6. Australien und Ozeanien
7. Antarktis

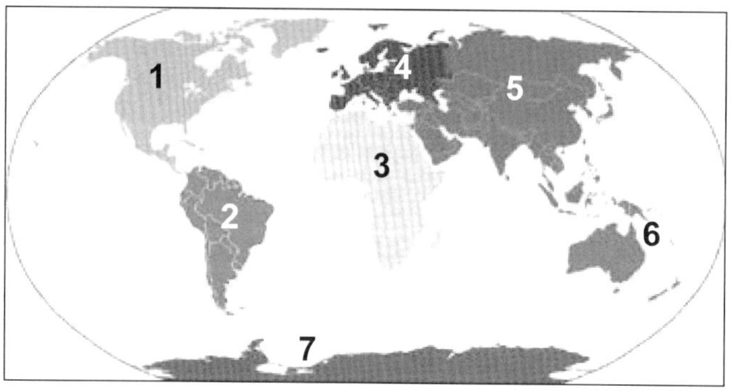

b) Der Größte zuerst: Asien, Afrika, Nordamerika, Südamerika, Antarktis, Europa, Australien/Ozeanien

c) Die meisten Menschen leben in Asien.

d) Die wenigsten Menschen leben in der Antarktis.

2.)

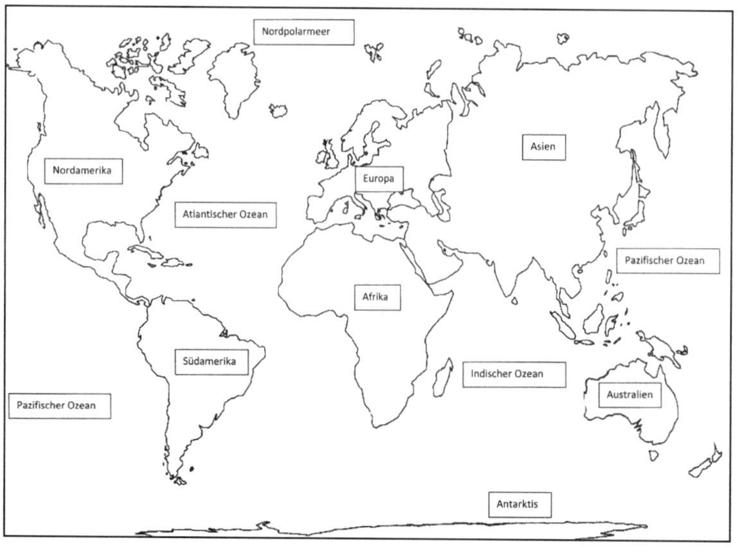

XXI. Die Lösungsvorschläge

Kapitel V

3.)

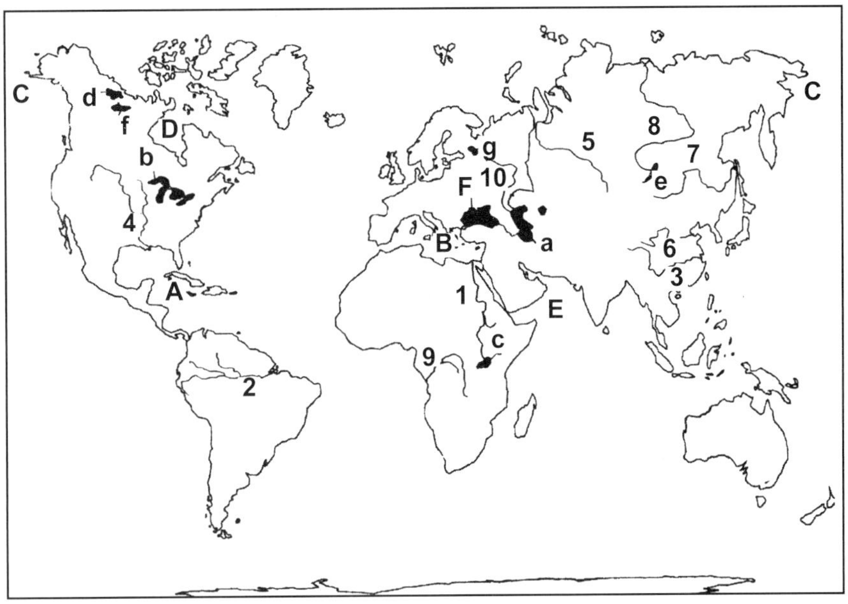

4.) a)

b)

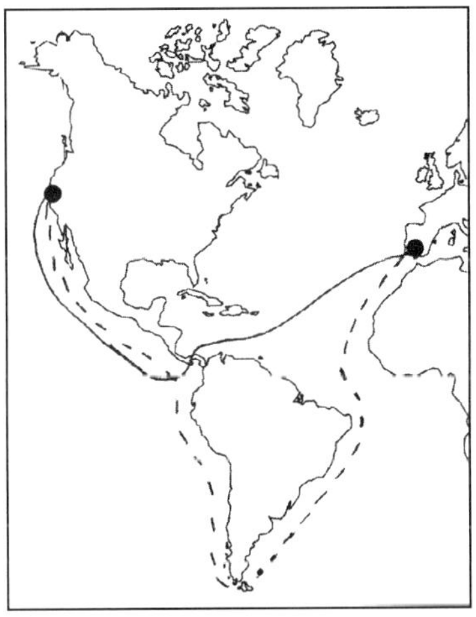

gestrichelte Linie:
vor Bau des Kanals

durchgehende Linie:
nach Bau des Kanals

5.) a)

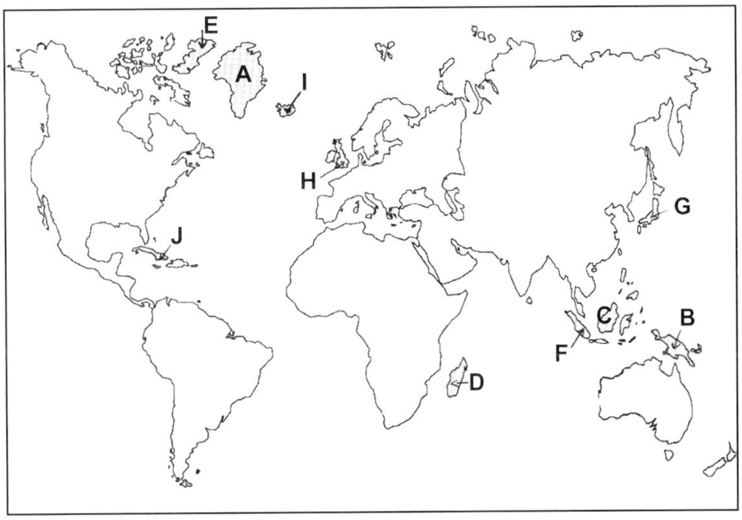

b) 1 = Grönland, 2 = Madagaskar, 3 = Sumatra, 4 = Neuguinea, 5 = Großbritannien, 6 = Honshu, 7 = Borneo
8 = Baffininsel

XXI. Die Lösungsvorschläge

Kapitel V

6.) a)

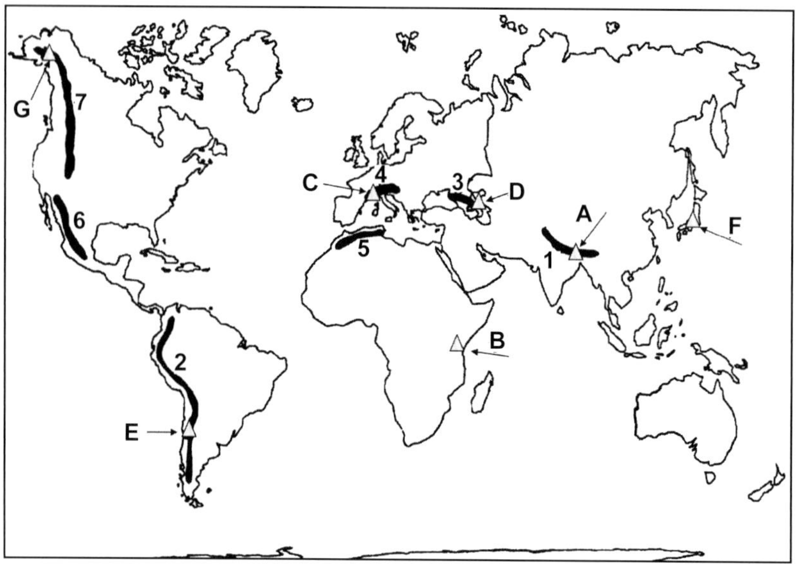

b)

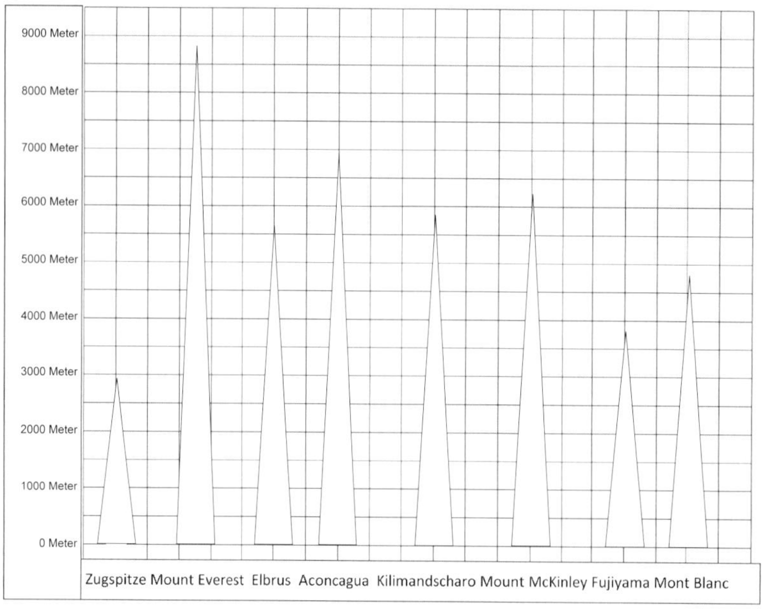

Zugspitze 2962 m, Mount Everest 8850 m, Elbrus 5642 m, Aconcagua 6962 m, Kilimandscharo 5895 m, Mount McKinley 6194 m, Fujiyama 3776 m, Mont Blanc 4810 m

7.)

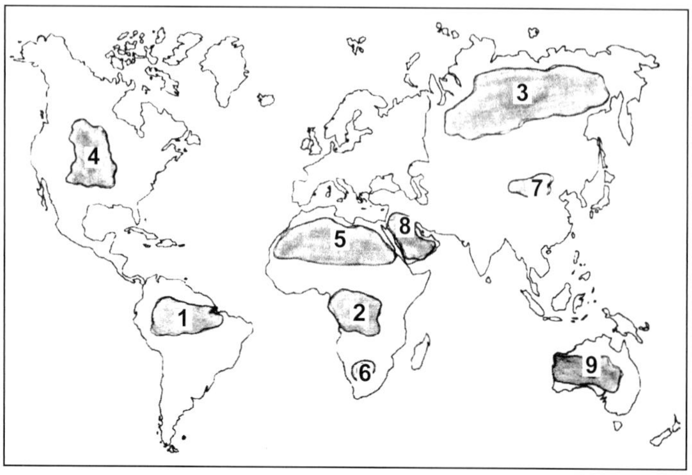

Lernwerkstatt „Unsere Erde"
Grundschulausgabe – Bestell-Nr. 11 300
KOHL VERLAG
Der Verlag mit dem Baum
www.kohlverlag.de

XXI. Die Lösungsvorschläge

Kapitel VI

2.)

Mittel- und Westeuropa:	Berlin, Amsterdam, Brüssel, Luxemburg, Paris, Monaco, Bern, Vaduz, Wien
Südeuropa und Mittelmeerraum:	Rom, San Marino, Vatikanstadt, Athen, Ankara, Nikosia, La Valetta
Die Iberische Halbinsel:	Madrid, Andorra la Vella, Lissabon
Süd-Ost-Europa:	Sofia, Bukarest, Ljubljana, Bratislava
Britische Inseln:	London, Dublin
Nordeuropa und Baltikum:	Kopenhagen, Helsinki, Oslo, Stockholm, Reykjavik, Talinn, Riga, Vilnius
Die Balkanstaaten:	Tirana, Sarajewo, Zagreb, Skopje, Belgrad, Podgorica, Pristina
Osteuropa:	Prag, Warschau, Kiew, Minsk, Budapest, Chisinau, Moskau

3.) Skandinavien Bild 3, Baltikum Bild 5, Britische Inseln Bild 9, Island Bild 2, Mitteleuropa Bild 6, Alpenländer Bild 7, Staaten am Mittelmeer Bild 1, Iberische Halbinsel Bild 11, Osteuropa Bild 8, Süd-Ost-Europa Bild 4, Balkanländer Bild 10

4.)

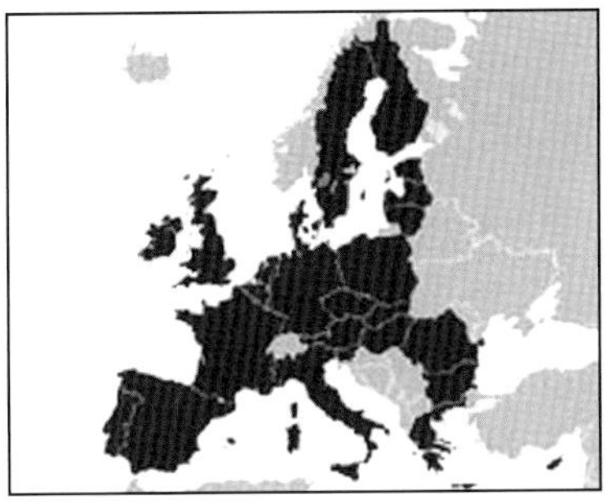

Die 27 EU-Staaten sind: Belgien, Bulgarien, Dänemark, Deutschland, Estland, Finnland, Frankreich, Griechenland, Großbritannien, Irland, Italien, Lettland, Litauen, Luxemburg, Malta, Niederlande, Österreich, Polen, Portugal, Rumänien, Schweden, Slowakei, Slowenien, Spanien, Tschechische Republik, Ungarn, Zypern

5.) Binnenstaaten in Europa: Liechtenstein, Österreich, Schweiz, Serbien, Slowakei, Tschechien, Mazedonien, Ungarn, Kosovo, Andorra, Luxemburg, San Marino, Moldawien, Vatikanstadt, Weißrussland

6.) **a)** Die Donau fließt durch Deutschland, Österreich, Serbien, Kroatien, Moldawien, Rumänien, Bulgarien, Ukraine, Ungarn und die Slowakei.

b) Die Hauptstädte an der Donau sind Wien, Bratislawa, Budapest und Belgrad.

7.) Lösung: EUROPA HAT CHANCEN

1				U	K	R	A	I	N	E					
2				W	E	I	S	S	R	U	S	S	L	N	D
3						U	N	G	A	R	N				
4									P	O	L	E	N		
5									S	P	A	N	I	E	N
6					R	U	S	S	L	A	N	D			
7	F	R	A	N	K	R	E	I	C	H					
8								S	P	A	N	I	E	N	
9										T	Ü	R	K	E	I
10					D	E	U	T	S	C	H	L	A	N	D
11	Ö	S	T	E	R	R	E	I	C	H					
12						E	N	G	L	A	N	D			
13						R	U	M	Ä	N	I	E	N		
14					D	E	U	T	S	C	H	L	A	N	D
15					I	T	A	L	I	E	N				
16				R	U	S	S	L	A	N	D				

Kapitel VII

1.)

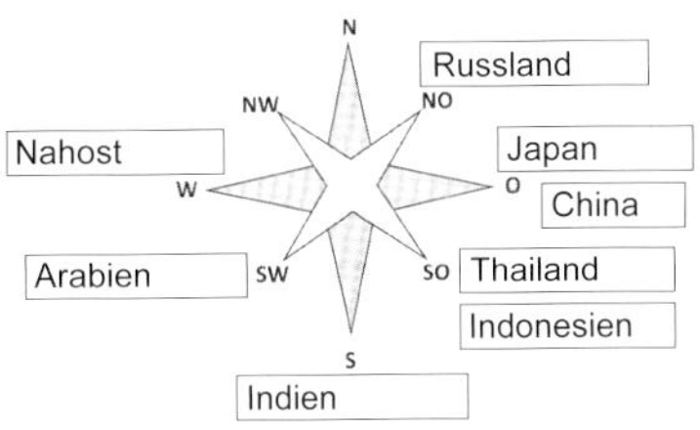

2.)

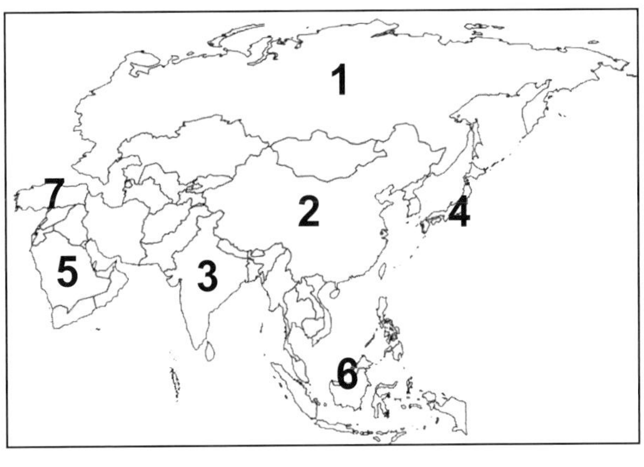

Lernwerkstatt „Unsere Erde“ Grundschulausgabe – Bestell-Nr. 11 300
KOHL VERLAG Der Verlag mit dem Baum
www.kohlverlag.de

XXI. Die Lösungsvorschläge

Kapitel VII

3.) **a)** Die Volksrepublik China grenzt an 14 Staaten und hat damit gemeinsam mit Russland die meisten Nachbarländer der Welt. Im Uhrzeigersinn sind dies: Mongolei, Russland, Nordkorea, Vietnam, Laos, Myanmar, Indien, Bhutan, Nepal, Pakistan, Afghanistan, Tadschikistan, Kirgisistan und Kasachstan.

b) Die wichtigsten Flüsse sind der Jangtsekiang, der Gelbe Fluss (Hwangho) und der Xi Jiang.

5.) **a)** Eine Metropolregion (rechts) ist eine stark besiedelte und weitläufige Großstadtregion. Eine Metropolregion umfasst die Großstädte mit ihren Vororten und ländlichen Gebieten. Eine Stadt hat kein größeres Umland.

b) Andere häufig verwendete Bezeichnungen für solch ein Gebiet sind Stadtregion und Ballungsraum/-gebiet.

c)

6.) **a)** Das Land hat seinen Namen von dem Fluss Indus.

b)

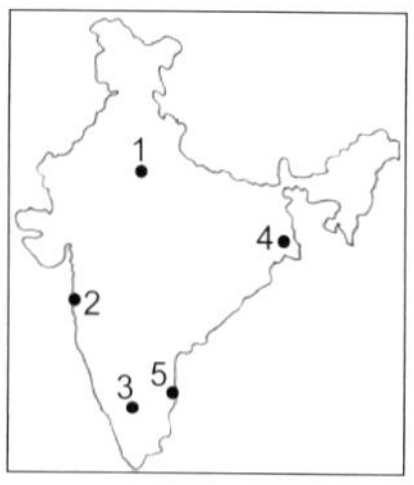

c) Gott ist in allem, sagen die überzeugten Hindus, auch in den Tieren. Die Kuh ist die Mutter von Millionen indischen Menschen und daher heilig. Niemand darf sie behindern, sie wird verehrt, ohne angebetet zu werden, sie gilt als heilig und darf nicht geschlachtet werden. Wer einer Kuh das Leben nimmt, hat nach hinduistischem Glauben einen Mord begangen. Die Kuh zu ehren und zu achten, bis zum letzten Tag zu pflegen und Altersheime einzurichten, gilt als verdienstvoll für das nächste Leben.

d) Das Bild oben zeigt das Taj Mahal, ein Grabmal.

e) Nach hinduistischer Vorstellung gilt es als besonders verdienstvoll, wenigstens einmal im Leben die heilige Stadt Varanasi am Ganges zu besuchen. Ein Bad im heiligen Fluss soll von Sünden reinwaschen.

8.) Das gehört zusammen: 1 i, 2 g, 3 d, 4 h, 5 c, 6 b, 7 f, 8 a, 9 e

9.)

					9										8				
		10			T										H				
	6	J	A	P	A	N				15	A	R	A	B	I	E	N		
11	K	A	S	P	I	S	C	H	E	S	M	E	E	R	M			3	
		K			G					18	M	O	S	K	A	U		R	
2	B	A	I	K	A	L	S	E	E						L			I	19
		R			13				1	R	U	S	S	L	A	N	D	N	K
		T			O										Y			G	O
5		A			I					17	S	C	H	L	A	N	G	E	N
C				7	M	O	U	N	T	E	V	E	R	E	S	T		L	T
H				4	J	A	N	G	T	S	E	K	I	A	N	G		R	I
I					A													O	N
N		14	P	E	K	I	N	G										B	E
A	16	I	N	D	O	N	E	S	I	E	N							B	N
		12	S	I	N	G	A	P	U	R								E	T

XXI. Die Lösungsvorschläge

Kapitel VIII

1.)

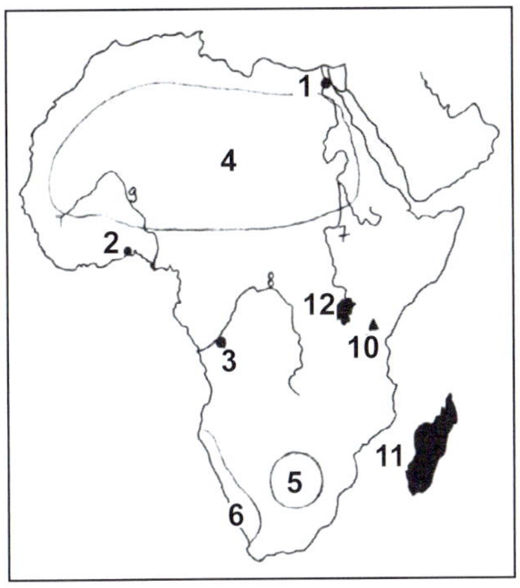

2.)

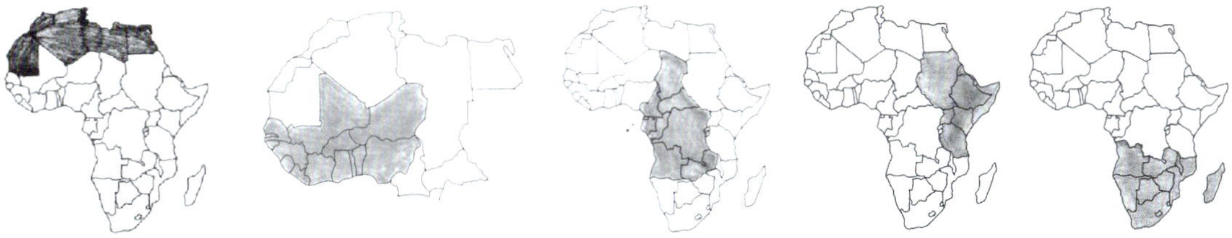

Nordafrika Westafrika Zentralafrika Ostafrika Südl. Afrika

3.)
- Schlechte Wohnungen – Wohnen in Hütten oder Baracken
- Ungenügendes Bildungsangebot – keine geregelte Schule, wenig Unis
- Geringe Mechanisierung – fast alles wird von Hand gemacht, wenig Maschinen
- Energiemangel – nicht jeder hat immer Strom
- Unzureichendes Verkehrsnetz – wenig Straßen, wenig öffentliche Verkehrsmittel
- Schlechte ärztliche Versorgung – wenig Ärzte und Krankenhäuser, keine Vorsorge
- Kinderarbeit – Kinder müssen arbeiten anstatt zur Schule zu gehen

4.) richtig ist 1, 3, 5, 6, 8, 9, 11; Lösungswort: Giraffe

5.) **Tanger**, Algerien – Algier, Niger – Niamey, Nigeria – Abuja, Kamerun – Jaunde, Rep. Kongo – Brazzaville, DR Kongo – Kinshasa, Angola – Luanda, Namibia – Windhuk, Südafrika – Pretoria, **Kapstadt**

Kapitel IX

1.)

1 = USA
2 = Kanada
3 = Mexiko

2.) Puzzle:
Freiheitsstatur

Lernwerkstatt „Unsere Erde“
Grundschulausgabe – Bestell-Nr. 11 300
KOHL VERLAG Der Verlag mit dem Baum
www.kohlverlag.de

XXI. Die Lösungsvorschläge

Kapitel IX

3.) von links nach, von oben nach unten:
Empire State Building, Central Park, Rockefeller Center, China Town, Times Square, Brooklyn Bridge

4.) Das Ahornblatt ist richtig. Die Flagge ist rot-weiß.

5.) In Kanada gibt es Eisbären, Braunbären und Schwarzbären.

6.) Boston 1, New York 2, Chicago 3, Washington 4, Miami 5, New Orleans 6, Denver 7, Los Angeles 8, San Francisco 9, Montreal 10, Ottawa 11, Vancouver 12, Detroit 13, Havanna 14

a) An der Westküste liegen Los Angeles, San Francisco und Vancouver.

b) An der Ostküste liegen Boston, New York und Miami.

7.) **a)**

b) In Mittelamerika lebten erst die Maya und dann die Azteken.

c)

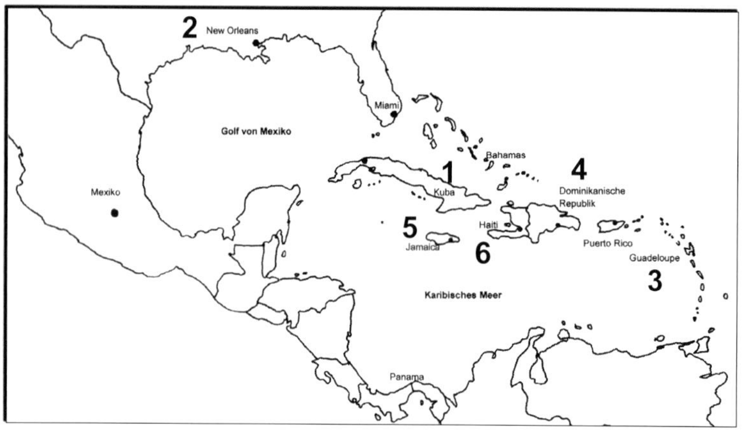

8.) der Reihe nach: Christusstatue, Zuckerhut, Copacabana, Karneval

9.) **a)** von oben nach unten: Baumriesen, Kronendach, junge Bäume und Sträucher, Farne und Moose, Pilze und Bakterien

b) Das Wort Dschungel stammt vom indischen Wort „Jangal" ab und bedeutet „Wildnis". Tropische Regenwälder nennt man deswegen auch oft Dschungel. Urwald nennt man einen Wald, der bis heute von Menschen unberührt ist. Hier bleibt die Natur sich selbst überlassen. Urwälder gibt es nicht nur in den Tropen.

c) Der Reihe nach: Jaguar, Tukan, Kolibri, Faultier

10.)

G	A	R	N	E	K	O	L	U	M	B	I	E	N	Z
V	I	G	L	Ö	P	P	E	R	U	S	V	S	E	V
E	C	U	A	D	O	R	G	U	S	C	H	B	N	O
N	F	Y	F	E	R	N	E	G	E	H	H	R	P	E
E	E	A	D	O	R	U	S	U	R	I	N	A	M	E
Z	D	N	W	Y	Ü	M	I	A	U	L	E	S	U	Z
U	U	A	T	A	N	T	A	Y	N	E	O	I	M	A
E	M	L	P	A	R	A	G	U	A	Y	T	L	I	Y
L	I	K	A	S	E	R	B	O	L	I	V	I	E	N
A	R	G	E	N	T	I	N	I	E	N	U	E	G	W
H	A	B	D	G	D	L	M	A	T	E	R	N	I	G

	Land	Hauptstadt
1	Argentinien	Buenos Aires
2	Bolivien	Sucre
3	Brasilien	Brasilia
4	Chile	Santiago de Chile
5	Kolumbien	Bogota
6	Ecuador	Quito

	Land	Hauptstadt
7	Guyana	Georgetown
8	Paraguay	Asuncion
9	Peru	Lima
10	Suriname	Paramaribo
11	Uruguay	Montevideo
12	Venezuela	Caracas

KOHL VERLAG Der Verlag mit dem Baum www.kohlverlag.de
Lernwerkstatt „Unsere Erde" Grundschulausgabe – Bestell-Nr. 11 300

XXI. Die Lösungsvorschläge

Kapitel IX

11.)

	Nordamerika	Südamerika
größte Stadt	Mexico City	Sao Paulo
längster Fluss	Mississippi + Missouri	Amazonas
höchster Berg	Mount McKinley	Aconcagua
größter See	Obere See	Maracaibosee

Kapitel X

1.) Der Reihe nach: Koala, Wombat, Känguru

2.) a)

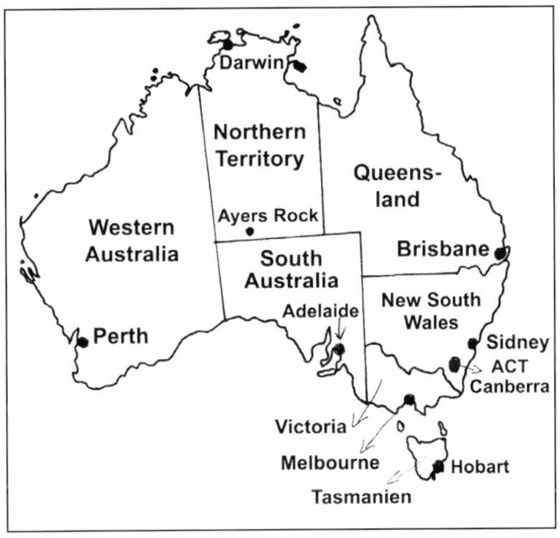

b) Die Osterinsel liegt im Pazifik bei Chile (Südamerika).

Kapitel XI

1.) a)

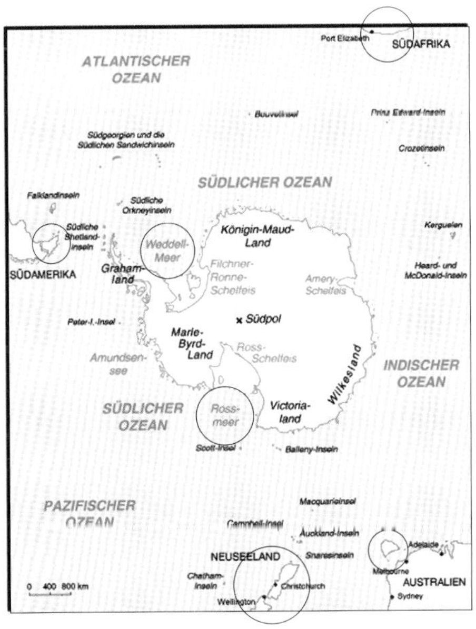

b) Als erster Mensch erreichte der Norweger Roald Amundsen im Dezember 1911 den Südpol.

2.) a) Der Reihe nach:
Südpol, Afrika, Norweger, Menschen, Forschungsstationen, Verträge, - 55 °C, Feuerland, Südamerika, Blauwal, Krill, Pinguine, Kaiserpinguin, Eisbären

XXI. Die Lösungsvorschläge

Kapitel XIV

1.)

Name	ist	liegt in	Kontinent
Cristo Redentor	Christusstatue	Rio de Janeiro/Brasilien	Südamerika
Machu Picchu	Ruinenstadt der Inka	in den Anden/Peru	Südamerika
Kolosseum	Antikes Amphitheater	Rom/Italien	Europa
Taj Mahal	Grabmal	Agra/Indien	Asien
Chinesische Mauer	Grenzanlage	China	Asien
Petra	antike Felsenstadt	Jordanien	Asien
Chichen Itza	Ruinen der Maya	Yucatan/Mexiko	Nordamerika

Kapitel XV

1.) 1. Englisch: Vereinigte Staaten, Großbritannien, Kanada, Australien, Irland, Neuseeland, 2. Chinesisch: China, 3. Hindi: Indien, 4. Spanisch: Spanien, Südamerika, 5. Französisch: Frankreich, Belgien, Schweiz, Monaco, Kanada, 6. Arabisch: Nord-Afrika, Saudi-Arabien, Tunesien, Vereinigte Arabische Emirate, 7. Russisch: Russland, GUS Staaten, Baltikum, 8. Portugiesisch: Portugal, Brasilien, 9. Bengalisch: Indien, 10. Deutsch: Deutschland, Belgien, Schweiz, Österreich, Liechtenstein, Italien, 11. Japanisch: Japan, 12. Koreanisch: Korea

Kapitel XVI

1.) a) Eiswüste: polare Zone; Laub- und Nadelwald: gemäßigte Zone, Regenwald: tropische Zone, Savannen: tropische und gemäßigte Zone, Steppen: gemäßigte Zone, Taiga: polare Zone

c) Von oben nach unten:
Nordpol, nördliche polare Zone, nördlicher Polarkreis, gemäßigte Zone, nördlicher Wendekreis, tropische Zone, Äquator, tropische Zone, südlicher Wendekreis, gemäßigte Zone, südlicher Polarkreis, südliche polare Zone, Südpol

2.) a) Das **Wetter** verändert sich laufend. Wetter ist Sonne, Wolken, Regen, Wind, Hitze und Kälte an einem bestimmten Ort und zu einem bestimmten Zeitpunkt. Das **Klima** ist der durchschnittliche Verlauf des Wetters über eine längere Zeit (z.B. mehrere Jahrzehnte). Eine Klimazone ist ein großes Gebiet mit gleichen klimatischen Bedingungen.

b) Zum **Wetter** gehören 1, 3, 5, 6, 9. Zum **Klima** gehören 2, 4, 7, 8, 10.

Kapitel XVII

1.)

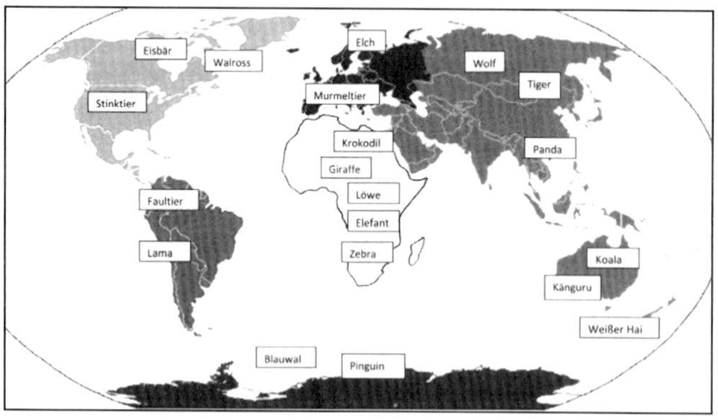

Kapitel XVIII

1.) 1. Berlin 12:00 Uhr; 2. Neu Delhi 16:30 Uhr; 3. Tokio 21:00 Uhr; 4. New York 6:00 Uhr; 5. San Francisco 11:00 Uhr; 6. Kapstadt 12:00 Uhr; 7. Kairo 13:00 Uhr; 8. Sydney 21:00 Uhr

Kapitel XIX

1.) a) Es sind monotheistische Religionen, d.h., sie glauben alle nur an einen Gott.

b) Christentum: Bibel; Judentum: Thora und Talmud; Islam: Koran; Hinduismus: Veden; Buddhismus: Palikanon

c) Kreuz: Christentum; Judenstern: Judentum; Halbmond: Islam; Om Zeichen: Hinduismus; achtfaches Rad: Buddhismus

Lernwerkstatt „Unsere Erde"
Grundschulausgabe – Bestell-Nr. 11 300
KOHL VERLAG Der Verlag mit dem Baum
www.kohlverlag.de